O Capitalismo do Século XXI

ROBERT HEILBRONER

O CAPITALISMO DO SÉCULO XXI

Tradução de
SERGIO GOES DE PAULA

Jorge Zahar Editor
Rio de Janeiro

Título original:
21st Century Capitalism

Tradução autorizada da primeira edição norte-americana, publicada em 1993 por W.W. Norton & Company, Inc., de Nova York, Estados Unidos.

Jorge Zahar Editor Ltda.
rua México 31 sobreloja
20031-144 Rio de Janeiro, RJ
Tel.: (021) 240-0226 / Fax: (021) 262-5123

Editoração eletrônica: TopTextos Edições Gráficas Ltda.
Impressão: Tavares e Tristão Ltda.

ISBN: 0-393-03516-6 (ed. original)
ISBN: 85-7110-286-4 (JZE, RJ)

CIP-Brasil. Catalogação-na-fonte
Sindicato Nacional dos Editores de Livros, RJ.

Heilbroner, Robert L.
H376c O capitalismo do século XXI / Robert Heilbroner; tradução de Sergio Goes de Paula. — Rio de Janeiro: Jorge Zahar Ed., 1994

Tradução de: 21st. Century capitalism
ISBN 85-7110-286-4

1. Capitalismo — Estados Unidos. 2. Século XXI I. Título.

CDD — 330.1220973
94-0257 CDU — 330.342.14(73)

SUMÁRIO

Para Sammy,
quando for um pouco mais velho

AGRADECIMENTOS

Estas páginas baseiam-se nas Conferências Massey, que tive o privilégio de ministrar no outono de 1992. Portanto, meus primeiros agradecimentos são para a Canadian Broadcasting Company e para o Massey College, por me terem convidado para aquela prestigiosa série, e em particular para Bernie Lucht, diretor-executivo do programa "Idéias", responsável pelas conferências. Sou igualmente grato à House of Anansi Press, que publicou, com exemplar rapidez e perícia, o manuscrito em que tais conferências se basearam.

Depois acrescentei algum material, do tipo filosófico e histórico, que não parecia adequado a uma série de palestras radiofônicas. Tal material foi apresentado numa palestra final no Massey College, numa sessão presidida por sua diretora Ann Saddlemyer, cujo caloroso apoio apreciei profundamente. A palestra, agora incorporada na Introdução e no último capítulo, é, ela própria, uma adaptação do artigo "As lições da História", publicado na *Social Research* de dezembro de 1992.

Finalmente, quero agradecer a meu querido amigo Peter L. Bernstein e a meu muito estimado colega William Milberg pelas críticas amigáveis, e a Donald Lamm, por sua paciência e orientação, e por ser meu editor há quase vinte anos.

1

INTRODUÇÃO

"A história nada ensina, apenas castiga quem não aprende suas lições." Esse amargo aforismo do finado memorialista russo Vassily Kliuchevsky,[1] fala diretamente a uma geração que está vivendo o que deve ser o século mais instrutivo da civilização moderna, mas que não sabe se captou sua mensagem. A história parece estar nos dizendo que o gradiente do progresso humano é imperceptível, talvez até mesmo nulo, de modo que não deve ser razão para desânimo descobrir que cem anos de coragem, imaginação e sacrifício nos trouxeram de volta à casa 1. Lembro uma discussão que tive há dez anos com um velho amigo, eminente antropólogo, em que ele relembrou o ódio entre hindus e muçulmanos, muçulmanos e judeus, judeus e árabes, protestantes e católicos irlandeses, brancos e negros, tribos e tribos, e as paixões despertadas pelos direitos da mulher. "E nós achávamos que este seria o século das luzes!", disse meu amigo. O que diria ele hoje, à luz dos resultados do comunismo, inaugurado em nossa geração como uma tentativa de reescrever o futuro da humanidade; do reaparecimento das suásticas na Polônia e dos "carecas" na Alemanha Oriental, ambos torcendo o nariz para a "vitória" da II Guerra Mundial; a carnificina na Iugoslávia, que também diz muito

1. Citado em Vladimir Smelev e Nikolai Popov, *The Turning Point*. Nova York, Doubleday, 1989, p.75.

sobre a II Guerra Mundial; e o espetáculo de um capitalismo triunfante nas condições em que hoje estão os Estados Unidos.

O aforismo de Kliuchesky vai diretamente contra qualquer esforço de escrever sobre as perspectivas para o enorme período de tempo de um século. Levanta questões cuja imensidão só é comparável à sua impalpabilidade: o que restou da idéia de progresso nas questões humanas? Ainda existe no futuro alguma forma de socialismo enquanto sucessor do capitalismo? Na raiz de nossos problemas está a natureza humana? São perguntas que serão feitas nestas páginas, mas de maneira apenas indireta, quase de esguelha, até o final. Isso porque acredito que elas serão melhor examinadas através de uma lente que as reduza a dimensões palpáveis e as coloque num contexto imaginável. Essa lente, como o título deste livro já deixa claro, é a perspectiva da ordem social em que viveremos no próximo século.

Não é um feito tão audacioso e portentoso quanto parece. O capitalismo do século XXI começará em menos de uma década, de modo que seu início está quase ao alcance da mão. A partir daí, ele se desdobra pelo futuro por cem anos — um período que podemos, mesmo que de maneira vaga, incluir em nossas preocupações presentes, coisa que não poderíamos fazer se nos pedissem para pensar sobre as perspectivas do capitalismo, ou da humanidade, no ano 3099. Assim, usei o termo "século" para demarcar um futuro ao qual podemos aplicar nossas faculdades de discurso racional e plausível, diferenciando-o de um futuro mais distante, onde o único modo de consideração possível é a piedade ou o desespero. E uso a palavra capitalismo — em geral, capitalismo americano — a fim de chamar a atenção para a grande e familiar *terra incógnita* na qual a maioria de meus leitores viverão o século XXI. De qualquer forma, é onde buscarei não apenas quaisquer esclarecimentos que possamos encontrar com respeito às opções e aos obstáculos à nossa frente, em nossos próprios futuros, mas também as sugestões quanto às lições que se devem aprender para que a humanidade possa minimizar — deles certamente não escapará — os castigos da história.

2

O Capitalismo à Distância

I

O título *O capitalismo do século XXI* soa como se eu fosse fazer previsões em escala grandiosa, mas, para alívio ou desapontamento de meus leitores, devo deixar claro que essa não é minha intenção. Na década de 1970, tive a oportunidade de discutir o êxito dos economistas na previsão de acontecimentos em larga escala nos vinte anos anteriores — acontecimentos como o advento das empresas multinacionais, a ascensão do Japão como grande potência econômica e o surgimento da inflação como problema crônico de todas as nações industriais. Nem um único desses acontecimentos que mudaram o mundo foi previsto.[2] Mais recentemente, ocorreu uma série de acontecimentos igualmente importantes em escala mundial, como a queda de produtividade de todas as potências ocidentais ou a impressionante perda da liderança econômica global pelos Estados Unidos. Até que ponto esses acontecimentos foram antecipados pelas grandes instituições de pesquisas que buscam varrer, como se fossem radares, as tendências possíveis? A resposta é: nenhuma delas os previu. Finalmente, há o que talvez seja o maior ponto crítico da história moderna — o colapso da economia soviética. Não

2. Robert Heilbroner, "The Clouded Crystal Ball", *Papers and Proceedings*, American Economic Association, maio de 1974.

conheço uma única organização econômica, inclusive as que têm maior intimidade com todos os segredos dos serviços de informação do governo, que tenha esperado essa derrocada.

De modo que não vou ser tolo a ponto de tentar fazer aquilo que derrotou tantos — ou seja, prever o futuro da ordem social em que vivemos. Como, então, posso falar do capitalismo no século XXI? Minha resposta é que vou considerar os pontos de vista do capitalismo a partir de uma perspectiva que pode ser chamada de compreensão relacionada ao futuro. Como veremos, é muito diferente de uma perspectiva de previsão. Suponhamos, por exemplo, que examinamos o espectro dos capitalismos de hoje em dia a partir desse novo e ainda não explicado ponto de vista. Imediatamente veríamos algo que provavelmente jamais entraria em nossas cabeças se estivéssemos interessados em prever quais países seriam líderes e quais seriam retardatários em 2025. Trata-se do notável fato de que, embora japoneses, suecos, americanos, canadenses — ou, tanto faz, franceses, alemães, ingleses e italianos — não tenham os mesmos hábitos e costumes, não concordem quanto a muitos meios ou fins políticos e, em grande parte, não tenham mesmo senso de humor ou mesmo de dever cívico, são capazes, apesar disso, de realizar uma tarefa extremamente importante, exigente e complexa, com surpreendente unanimidade de entendimento e de propósito: são capazes de fazer negócios. Ou seja, são capazes de realizar trocas no mercado, de negociar em torno da mesa de discussão, ou de participar de conferências, como pessoas que vêem pelo menos um aspecto da vida de modo muito semelhante. Esse aspecto refere-se à maneira pela qual a vida econômica é organizada.

Ao olhar para o capitalismo dessa perspectiva pouco comum, temos em mãos uma maneira de pensar o futuro que não teríamos, caso tratássemos o problema do ponto de vista de um só país, mesmo um país que conhecêssemos bem. A diferença é que tomamos consciência do capitalismo como um sistema com uma orientação básica, que pode ser percebida em todas as suas incorporações individuais nacionais. Apenas tomando consciência dessa orientação é que podemos ter esperança de descobrir se há uma lógica em ação por trás do movimento das coisas — uma lógica que nos permita pensar no capitalismo do século XXI em termos relevantes, sejamos nós cidadãos dos Estados Unidos, da Suécia ou do Japão. As previsões que todos fazemos, assim como nossas esperanças e temores, não serão necessariamente mais acuradas por se basearem nesse entendimento, mas terão muito menos probabilidades de estarem erradas ou equivocadas, no sentido de não perceberem as exigências de todos os sistemas capitalistas, e, portanto, de qualquer um deles.

Assim, a tentativa de elevarmo-nos acima do capitalismo deve nos ajudar a pensar em que a sociedade econômica do século XXI poderá se transformar, continuando ainda capitalista; e nos ajudará a pensar onde se situarão os Estados Unidos dentro dos limites ainda mais amplos das possibilidades históricas.

II

Mas não podemos nos entregar a esse exercício de imaginação sem antes realizar uma investigação mais imediata. Ela é necessária para termos mais familiaridade com a aparência do capitalismo desse ponto de vista distanciado. Proponho que isso seja feito olhando para uma parte do mundo que indubitavelmente não é capitalista, e fazendo então uma pergunta singular. Escolhi a sociedade dos !Kung* — os chamados bosquímanos do deserto Kalahari, na África do Sul, a quem visitamos no momento em que Gai, um caçador bosquímano que acabou de derrubar um antílope com uma flecha bem dirigida, está a ponto de dividir a caça. A antropóloga Elizabeth Marshall Thomas descreve a cena em seu clássico relato sobre o povo !Kung:

* O ponto de exclamação denota a língua "clique" desse povo.

Gai ficou com dois quartos traseiros e um dianteiro, Tsetchwe ficou com a carne do lombo, Ukwane com a outra perna dianteira, a mulher com um dos pés e o estômago, os meninos com pedaços do intestino. Twikwe ganhou a cabeça e Dasina o úbere.

Parece muito desigual, quando você observa os bosquímanos dividirem a caça, no entanto é o sistema deles e no final ninguém come mais do que o outro. Naquele dia, Ukwane deu a Gai mais um pedaço porque Gai era seu parente, Gai deu carne a Dasina porque ela era a mulher do seu irmão. (...) Ninguém, claro, contestou a parte maior de Gai, porque ele tinha caçado, e pela lei deles aquilo lhe pertencia. Ninguém duvidava que ele iria dividir sua parte com os outros, e, claro, não estavam errados; foi o que ele fez.[3]

Agora, a pergunta singular que antes mencionei: *É preciso conhecer economia para entender o que está acontecendo aqui?* Claro que precisamos saber muita coisa sobre a cultura específica dos !Kung — seus costumes e crenças, padrões de relações familiares e coisas assim. Mas, economia? Talvez a pergunta fique menos singular se for feita ao contrário. Suponhamos que um grupo dos !Kung de alguma maneira conseguiu, guiado por um antropólogo amigo, viajar para Paris, Nova York, ou um lugar assim. Será que teriam de saber economia para entender o que viam nesses lugares estranhos?

Desta vez a pergunta é muito mais fácil de responder. Estou certo de que concordamos que a vida numa cidade ocidental seria incompreensível sem algum tipo de entendimento de economia — não quero dizer o assunto dos manuais, ou mesmo a capacidade de entender as páginas de finanças dos jornais, muito menos as primeiras páginas. Quero dizer uma compreensão geral do que se entende por "trabalho" e os direitos à remuneração que ele confere, ou uma familiaridade com o propósito daqueles discos e retângulos de papel chamados "dinheiro", ou alguma idéia vaga das razões pelas quais os números dos discos ou retângulos de papel necessários para

3. Elizabeth Marshall Thomas, *The Harmless People*, Nova York, Vintage, 1958, p.49-50.

tomar posse do mesmíssimo artigo podem mudar de um dia para o outro. Todos esses lugares-comuns seriam profundamente misteriosos para quem viesse de uma sociedade primitiva. Não existe "trabalho" entre os !Kung, embora, claro, haja muito esforço, porque trabalho implica complexos arranjos legais e sociais que estão completamente ausentes numa cultura primitiva;[4] não existem "rendas" em nosso sentido legal e social do termo; e, naturalmente, nenhuma idéia de dinhei-ro, e, portanto, de preços. Neste nível básico, há então muito pouca necessidade de conhecimento de economia — indispensável em Nova York e Paris — para entender a vida Kalahari.

A pergunta singular começa agora a apontar para nossa investigação central sobre a natureza do capitalismo. Por que não há "economia" na sociedade !Kung, e por que ela parece permear a vida nos países ocidentais? Não é porque o povo Kalahari não realize as atividades fundamentais de produção e distribuição que são pré-requisitos fundamentais para a sobrevivência. As sociedades primitivas realizam as tarefas necessárias à sua manutenção e continuidade exatamente como acontece nas sociedades mais avançadas — os !Kung dão sustento a seus corpos, reabastecem seus lares, consertam ou constroem seus abrigos, fazem ferramentas e implementos, realizam longas e árduas viagens. Quando dizemos que não há uma economia óbvia na sociedade kalahari, queremos dizer que, para entender sua vida econômica, não é preciso um corpo distinto de saber. Se conhecemos sua cultura, sua política e sua tecnologia, nada mais resta para ser explicado com respeito à sua "economia".

Para entender por que algumas vezes precisamos, e outras não, conhecer algo chamado "economia", temos de fazer mais uma viagem na imaginação. Desta vez vamos folhear um imenso atlas histórico que descreva as milhares de sociedades

4. Ver "The World of Work", em meu *Behind the Veil of Economics*, Nova York, Norton, 1988.

diferentes da história humana, todas elas, necessariamente, tendo enfrentado o problema de produzir e distribuir os recursos necessários para sua continuidade. Nesse atlas, as sociedades nas quais reconhecemos os sinais característicos do capitalismo não passam de uma quantidade mínima, agrupada nas últimas páginas do livro. Aqui, finalmente, a economia salta para a frente, como uma espécie de entendimento sem o qual seria incompreensível a solução dada por essas sociedades ao problema da produção e distribuição. Aqui também vislumbramos as características especiais da "história" que esconde de nós suas lições.

III

Por duas razões é interessante virar as páginas desse atlas. Primeiro, ficamos chocados com a extraordinária variedade de maneiras pelas quais as comunidades humanas lidaram com o que podemos chamar de Problema Econômico. De uma sociedade para outra vêem-se grandes diferenças nas maneiras de selecionar quem vai para os campos, para caçar e coletar, e quem não vai — gênero, família, raça, punição, ambição. Tremendas variações marcaram as porções distribuídas aos diferentes membros e classes de membros da sociedade, e diferenças igualmente grandes marcam a explicação para tais distinções entre favorecidos e desfavorecidos.

O segundo aspecto interessante do atlas das sociedades é o oposto do primeiro. Não é a variedade, mas a espantosa escassez de soluções globais para o problema de garantir a continuidade material da sociedade. A despeito de toda a sua variedade, o atlas em si está organizado em apenas três grandes seções. Já vimos um exemplo da primeira nas três divisões do povo Kalahari. Como os !Kung — e, por extensão, a esmagadora maioria das sociedades humanas de que temos algum conhecimento histórico — resolvem o problema de produzir comida e outros requisitos necessários, e como distribuem o que produzem de maneira a que tal esforço social possa continuar?

A observação direta rapidamente dá a resposta. Desde a infância, os !Kung aprendem as técnicas de que necessitarão e os papéis que desempenharão acompanhando os mais velhos nas viagens de coleta ou de caça. Dessa forma, a tarefa essencial de treinamento da força de trabalho é parte do processo de socialização, um processo a que todos os humanos têm de se submeter para se tornar membros aceitáveis da comunidade. Em sociedades primitivas como a dos !Kung, o princípio mestre da socialização é a obediência aos costumes antigos, e é por isso que falamos dessa organização de produção e distribuição como uma economia orientada pela Tradição.

No entanto, do ponto de vista de nossa pesquisa, há um detalhe importante a esclarecer a respeito dos costumes, que são a maneira mais antiga, durável, e talvez, em última análise, a mais preservadora da vida dentre todas as maneiras de encarar o problema econômico. É que não há nada no processo de socialização que exija a perícia especial do economista. Para entender o funcionamento da sociedade kalahari, precisamos de um conhecimento íntimo de sua cultura, sem o qual a divisão que Gai fez de sua caça seria incompreensível; precisamos saber como as decisões "políticas" são tomadas a respeito de questões tais como quando a comunidade deixará um campo de caça por outro; e precisamos de algum conhecimento de suas técnicas de caça e de coleta para podermos entender por que a comunidade realiza essas funções da maneira que faz.

Nada disso, no entanto, seria normalmente chamado de conhecimento econômico. Será que existe um nível mais profundo que nos faria perceber uma motivação econômica sob a "superfície" da sociedade? Um economista ocidental contemporâneo poderia sugerir que esse motivo está numa pressuposta estrutura mental por trás de todas as atividades — uma motivação fundamental descrita pelos economistas como a maximização das "utilidades" ou das satisfações. Será ela, talvez, a chave para a natureza humana que estamos procurando, de esguelha, por trás da "história"? Temo que seja um fraco candidato para tão poderosa força. Talvez um impulso maximizador leve Gai a caçar e Dasina a coletar, mas explicar o comportamento dessa maneira nos força a afirmar que o irmão de Gai, que ficou para trás vadiando, também estava maximizando suas utilidades. Uma "explicação" que inclua todos os tipos concebíveis de comportamento, inclusive aqueles manifestamente não-econômicos, não pode nos falar sobre o comportamento especificamente "econômico".

Vamos retornar à minha pergunta singular, isso não quer dizer que não haja "economia" na organização da vida social primitiva, ou que a natureza humana não seja inextricavelmente tecida em seus costumes e comportamentos. A questão, na verdade, é que quaisquer que sejam os motivos e pressões que afetam a produção e a distribuição, eles estão inapelavelmente misturados aos atributos culturais, políticos ou tecnológicos dessas sociedades. Colocando de maneira diferente, se soubéssemos tudo o que se tem para saber sobre as forças sociais que formaram a cultura, as relações políticas e a tecnologia !Kung, o que restaria para um economista descobrir?

Em contraste com a Tradição, o segundo grande mecanismo de coordenação chama-se Comando. Como o nome indica, resolve os problemas de produção e distribuição através de ordens vindas de cima. Podem ser os comandos de um faraó ou as leis de um Estado; numa escala menor, pode ser a autoridade de um chefe ou de um conselho comunitário, as ordens de um capataz de fazenda ou de um gerente de fábrica. O Comando difere da Tradição em duas maneiras muito importantes. Primeiro, exige um mecanismo de imposição diferente das pressões internalizadas da socialização. Esse mecanismo é a coerção — o uso real ou potencial do castigo. O Comando que se apóia apenas nas pressões das crenças e costumes existentes não é mais do que uma forma de Tradição. As ordens dos imperadores romanos ou dos comissários soviéticos dependiam, para sua resposta obediente, de algo mais do que as pressões internalizadas da Tradição — na verdade, muitas vezes exigiam das pessoas que fossem contra as rotinas de seu passado.

E o que dizer da economia de Comando? Existe tal economia, no sentido de um corpo de conhecimento diferente dos que cobrem as culturas, tecnologias e políticas — especialmente políticas — necessárias para entender o funcionamento do antigo Egito ou da finada União Soviética? Considerando o último caso, claro que precisamos de uma compreensão da própria estrutura de comando, no caso, a estrutura soviética de planejamento. Além disso, precisamos estar familiarizados com os problemas da administração de organizações em grande escala, tais como as usinas siderúrgicas; e, também, uma espécie de conhecimento que anteriormente não era necessário — saber como resolver o problema de engrenar vários tipos de produtos para que o projeto de planificação central seja realizado. O colapso da União Soviética nos alertou para as extraordinárias dificuldades de adquirir esse conhecimento, mas ele em si é pouco mais que a extensão, em escala gigante, do conhecimento de qualquer gerente de fábrica. Não há dúvida de que é um tipo de conhecimento muito importante, mas acho que é mais comum chamá-lo de "administração" do que de "economia".

Chegamos, no caso das sociedades de Comando, à mesma conclusão que no das sociedades coordenadas pela Tradição. Em ambos os tipos de sistema econômico, a maneira pela qual as atividades de produção e distribuição são coordenadas é de tal modo intricada com a cultura, a tecnologia e a política desses tipos de sociedade, que nenhum domínio especial de conhecimento resta para ser preenchido. Repetindo mais uma vez, embora certamente existam problemas econômicos nas sociedades regidas pela Tradição e pelo Comando, não existe "economia" em nenhuma delas — não nos falta nenhum entendimento se compreendermos completamente suas culturas, seus meios técnicos e seus arranjos políticos.

IV

E assim chegamos ao Mercado. Vou deixar de lado por um momento a relação entre o Mercado, como meio de organizar a produção e a distribuição, e o capitalismo, como ordem social mais ampla na qual o Mercado desempenha um papel crucial. Enquanto ainda estamos tentando descobrir onde a economia se encaixa no quadro mais abrangente, vamos simplesmente olhar o funcionamento do Mercado com os mesmos olhos ignorantes que usamos para ver Gai distribuindo seus pedaços de antílope.

Desta vez, no entanto, vamos supor que o povo !Kung, profundamente impressionado com sua viagem ao Ocidente, deseje criar uma sociedade semelhante para si mesmo.

— Diga-nos — perguntam eles —, existe alguma maneira de copiar as coisas notáveis que vimos no exterior?

— Na verdade, existe — respondemos nós. — Vocês têm de criar uma economia de mercado.

— Muito bem — concordam os anciões. — O que devemos dizer a nosso povo para fazer?

— Ah! — respondemos. — O primeiro ponto é que vocês não dizem a eles o que fazer. Eles fazem o que quiserem. Na verdade, a diferença fundamental entre uma economia de mercado e a vida econômica de uma comunidade tradicional tal como a de vocês, ou de uma sociedade de comando, como a do antigo reino do Daomé, é que num sistema de mercado cada pessoa faz exatamente o que quiser.

Há uma enorme consternação.

— Você quer dizer — arrisca um bravo ancião — que não diremos às mulheres que coletem frutos ou aos homens que cacem? Que não faremos nenhuma provisão para construir ou consertar nossos abrigos? O que acontecerá se ninguém sair para coletar ou caçar ou se ninguém consertar os lugares onde descansamos?

— Não temam — respondemos nós. — Todas essas tarefas serão feitas. Serão feitas porque é do interesse de suas irmãs coletar, e do interesse de seus irmãos caçar, e do interesse de outros, dentre vocês, consertar os abrigos ou fazer arcos e flechas.

Vêem-se expressões de inquietação.

— Mas veja — diz outro. — Vamos supor que corramos o risco dessa espantosa mudança. Como vamos saber que eles vão trazer a quantidade correta de comida? Se é do interesse deles trazer alimentos, será que não vão trazer para casa mais do que necessitamos, e com isso promover o desperdício?

— Vocês não precisam se preocupar com isso — respondemos nós. — O sistema de mercado tomará conta do problema. Se houver alimento demais, ninguém vai querer, de modo que o preço cairá, e porque cai, não se terá mais interesse em trazer mais do que vocês necessitam.

— Mas então como sabemos que se terá alimento *suficiente*? — pergunta triunfalmente nosso interlocutor.

— Não se incomode. O mercado também cuidará disso!

— Mas o que é esse mercado que vai fazer essas coisas maravilhosas? Quem toma conta dele, por exemplo?

— Bem, não existe essa *coisa* de mercado — explicamos. — Ninguém toma conta dele. É só uma maneira de as pessoas se comportarem.

— Mas pensávamos que as pessoas se comportavam da maneira que queriam!

— E é isso o que acontece. Mas vocês não precisam se preocupar. Elas vão querer se comportar da maneira que vocês desejam que se comportem.

— Temo — diz o chefe da comunidade com grande dignidade — que estejam tomando nosso tempo. Nós achávamos que vocês tinham em mente uma proposta séria. O que sugerem é inconcebível.[5]

5. Adaptado livremente de meu *The Making of Economic Society*, 9. ed., Englewood Cliffs, N.J., Prentice-Hall, 1992, p.13-4.

V

Nossa descrição do que possa parecer o Mercado para alguém que não saiba exatamente o que é "preço" permite-nos dar o último passo em nossa tortuosa viagem para formar uma imagem do capitalismo. Porque agora vemos algo que é, ao mesmo tempo, muito simples e cheio de significado para entender nossa ordem social. É que os três princípios ordenadores, Tradição, Comando e Mercado, conferem dinâmicas totalmente diferentes às sociedades que organizam.

O dinamismo do primeiro princípio organizador é muito simples. É a regra da estática, da ausência de mudança. Isso não quer dizer uma submissão passiva ao destino. Muitas sociedades regidas pela Tradição fazem longas marchas forçadas em períodos de fome e de seca, e no período neolítico sabemos que essas comunidades realizaram a extraordinária adaptação às exigências da Idade do Gelo.[6] Tampouco o domínio da Tradição impõe um nível abjeto de pobreza, como por muito tempo nos acostumamos a acreditar. O antropólogo Marshall Sahlins chegou até a chamar essas sociedades de "as primeiras sociedades opulentas", já que estabeleceram maneiras de satisfazer plenamente as expectativas de seus povos.[7] Não obstante, uma sociedade cuja travessia histórica está confiada às mãos da Tradição caminha como uma sonâmbula através da história. Ela pode fazer muitas adaptações notáveis — se não fizessem, a sociedade humana jamais teria sobrevivido à sua infância cercada de perigos —, mas essas rupturas com relação ao curso muito explorado da vida são provocadas mais por necessidade do que por aventura ou por imaginação pioneira.

6. Ver Vernon Smith, "Hunting and Gathering Societies", *The New Palgrave*, vol. II, Nova York, Macmillan, 1987, p.695-6.

7. Marshall Sahlins, *Stone Age Economics*, Nova York, Aldine, 1972, Cap. 1.

As coisas são muito diferentes quando chegamos às sociedades em que o Comando desempenha um papel central na produção e alocação dos esforços para obter provisões. Não sabemos quando, precisamente, o Comando começou a afastar a Tradição enquanto fator central de organização — o historiador alemão Alexander Rustow sugere que tenha começado com a transformação neolítica dos cavaleiros nômades em cultivadores sedentários, trazendo uma "nova linhagem de homens, marcados por uma poderosa superioridade". Rustow acredita que esse formidável conquistador a cavalo era muito semelhante às primeiras classes dominantes; sugere também que tenha sido o protótipo do centauro das fábulas.[8] São especulações imaginativas; o que sabemos dos registros históricos é que em regiões do mundo muito separadas, como o Egito e as Américas Central e do Sul, apareceram sociedades cujas estruturas sociais se assemelhavam às pirâmides fenomenais que construíram. Sem dúvida alguma, essas hierarquias sociais formais foram precedidas em muitas regiões do globo por sociedades de parentesco estratificadas de maneira menos formal.[9]

O importante para nossos propósitos é que o Comando desempenhou um papel crucial nos arranjos de abastecimento de todas essas sociedades. Isso não quer dizer que a Tradição deixou de exercer sua influência estabilizadora. Ao escrever sobre o Antigo Egito, Adam Smith observou que lá se esperava de cada pessoa que seguisse o ofício do pai, e seria um "horrível sacrilégio" não fazê-lo.[10] Mas a rotina da Tradição jamais poderia ter guiado os egípcios, incas ou maias na construção de seus extraordinários monumentos, templos e palácios. Tampouco a Tradição poderia ter fornecido os bens

8. Alexander Rustow, *Freedom and Domination*, Princeton, N.J., Princeton University Press, 1980, p.29.

9. Ver Eli Sagan, *At the Dawn of Tyranny*, Nova York, Knopf, 1985.

10. Adam Smith, *Wealth of Nations*, Nova York, Modern Library, 1937, p.62.

e serviços que sustentaram os exércitos de Alexandre ou de César, para não mencionar o imenso aprovisionamento de ambos os lados na II Guerra Mundial.

O Comando, portanto, interessa-nos porque é, por excelência, o modo de organização exigido para efetuar mudanças deliberadas na trajetória da sociedade. Guerra, revolução ou qualquer realização social de maior importância — a criação de um sistema de bem-estar, por exemplo — podem utilizar muitos dos traços comportamentais confiáveis da Tradição e os meios muito mais flexíveis do Mercado, de que falarei a seguir. Mas o Comando é a maneira indispensável de mudar, de propósito, os modos e formas da produção e da distribuição, seja a mudança em si originada por um decreto imperial, seja pelo voto democrático.

Isso nos traz, finalmente, ao Mercado — o princípio organizador do capitalismo. Uma ordem capitalista também depende, em alto grau, da influência estabilizadora da Tradição — poderíamos ter um sistema de Mercado sem o traço socializado da honestidade? — bem como de elementos do Comando — por trás dos contratos que assinamos estão as cortes que os garantem. Mas é claro que o estímulo dado a um sistema organizado pelo Mercado é muito diferente daquele da Tradição ou do Comando. Se a sociedade tradicional caminha como uma sonâmbula pela história, e a sociedade de Comando persegue as metas de indivíduos ou instituições que detêm o poder, a sociedade de Mercado é presa de forças subterrâneas que têm vida própria. São as forças da natureza humana? Examinaremos mais aprofundadamente essa questão no próximo capítulo.

O princípio do movimento transmitido por tais forças nos dá um tipo especial de dinamismo a que finalmente podemos atribuir o título de "economia". Todos estamos familiarizados com seu dinamismo, tenhamos ou não lido qualquer livro de economia. Em sua forma mais dramática, o dinamismo assumiu o aspecto de ondas de invenção que alteraram não apenas as capacidades produtivas da sociedade, mas sua composição social, ou mesmo sua relação com a própria natureza. A primeira dessas ondas foi a Revolução Industrial do final do século XVIII e começo do século XIX, que produziu a indústria têxtil e a máquina a vapor, junto com a cidade industrial e o trabalho infantil em massa; uma segunda revolução nos deu a estrada de ferro, o navio a vapor, a produção em massa de aço, e junto com isso uma nova forma de instabilidade econômica — os ciclos econômicos; uma terceira revolução introduziu a eletrificação da vida e o início de uma sociedade de consumo de massa semiluxuoso; uma quarta foi trazida pelo automóvel, que mudou tudo, dos hábitos sexuais à localização dos centros de população; uma quinta criou a vida eletrônica de nossa época. Claro, essa lista é arbitrária. O mais notável do dinamismo foi que a mudança passou a ser, ela própria, uma norma da vida de cada dia. Por toda a história prévia da humanidade, as crianças viveram vidas materiais que eram essencialmente as mesmas que as de seus pais, excetuando-se acidentes como guerra ou desastres naturais. De meados do século XIX em diante, aquele sentido de continuidade foi, de maneira cada vez mais clara, sendo substituído por um sentido de mudança imanente.

A contínua reconstrução do ambiente social é, sem dúvida, o aspecto mais notável do impacto do Mercado sobre o aprovisionamento social, mas não é o mais significativo. O aspecto mais profundo desta situação de mudanças caleidoscópicas é que ela esconde uma espécie de ordenamento. Isso porque as forças que ela desencadeia funcionam cegamente, mas não ao acaso. Muito pelo contrário, existem mecanismos de controle, *feedbacks* e limitações autoprovocadas que vão sendo construídas na torrente da mudança provocada pelo Mercado, de modo que quando olhamos para trás, para as tendências e padrões históricos de produção e distribuição, podemos ver que o funcionamento de uma economia capitalista dá mostras de padrões sistêmicos, de uma espécie de trajetória histórica global, de uma certa ordenação. Isso, claro, é uma primeira visão do processo que chamamos de progresso.

Quais são esses padrões, essa ordenação, essa trajetória? Quais são as fontes da energia, da incansável e ubíqua pressão pela mudança que tem sido a contribuição do capitalismo para a história, tanto para melhor como para pior? Esses são os temas de nossos próximos capítulos. Devo terminar este com o tema com o qual o iniciei — a previsibilidade de nossos futuros. Como disse antes, o futuro de qualquer capitalismo em particular é marcado por um grau muito alto de indeterminação. Mas vimos agora que o capitalismo como um todo é único, nessa geração de persistentes e poderosas tendências à mudança. Paradoxalmente, é essa própria capacidade imanente de mudança que nos permite falar sobre seu futuro com um grau de penetração analítica que não podemos aplicar a nenhuma ordem social anterior.

Essa capacidade deriva dos padrões comportamentais que um sistema de Mercado impõe a seus membros, um aspecto do capitalismo com o qual muitas vezes nos encontraremos nos próximos capítulos. Basta dizer que esses padrões formam a base dos extraordinários cenários através dos quais os grandes economistas descreveram sua trajetória histórica. Desde Adam Smith, passando por Marx e até Keynes, poderosas exposições indicaram a direção geral do desenvolvimento capitalista, apoiando suas análises nas atividades a que os participantes de um sistema de mercado se vêem levados, por seu próprio interesse. Em nenhum caso, os cenários foram capazes de prever a trajetória capitalista em um futuro distante. No entanto, em todos os casos, eles deram ao presente o sentido de pertencer a um processo cujas raízes estão lançadas profundamente no passado — talvez até mesmo na própria natureza humana — e cujos desdobramentos levam a perspectivas cheias de significados para nossos descendentes. O capitalismo, assim, leva-nos a futuros cheios de imprevisibilidade, mas, no entanto, formados e modelados de maneiras que estão longe de ser profundamente imprevisíveis. Preciso acrescentar que essa característica está intimamente interligada à crença no progresso, hoje em dia sob tão inquieta reavaliação?

3

A Vontade de Capital

I

Espero que agora seja possível percebermos que o capitalismo é uma ordem social mais notável do que parece a nós, que nele vivemos como um peixe dentro d'água. O capítulo precedente foi basicamente dedicado a nos fazer sentir as profundas diferenças quando o comparamos com outras sociedades, dominadas pela Tradição e pelo Comando. Agora é o momento de dirigir nossa atenção exclusivamente para a questão do que é o capitalismo,.e não mais do que ele não é; e, por extensão, para o modo como incorpora a história e suas lições.

Já observamos que a mais impressionante característica histórica do capitalismo é sua extraordinária propensão às mudanças autogeradas. Se ele é alguma coisa, é uma ordem social em constante mudança — e, além disso, uma mudança que parece ter uma direção, um princípio subjacente de movimento, uma lógica. Ao marcar as diferenças entre o mundo ocidental dos séculos XVIII, XIX, XX e de hoje, sentimos que está em ação uma espécie de força desenvolvimentista que nos permite falar sobre sua história em termos diferentes dos que usaríamos para falar da história dos grandes reinos asiáticos ou do Império Romano. Em suma, o impulso da história capitalista revela uma noção de mudança imanente — um passado que empurra inelutavelmente para cima, leva ao presente, e um presente que promete mais movimento para cima, ao futuro. É esse forte sentimento de autopropulsão ao longo de um gradiente ascendente que constitui o âmago da idéia de progresso.

Isso nos traz a um tema já anunciado na Introdução, onde a idéia de progresso aparece questionada pelas ameaças e desapontamentos de nossa época. Aqui não é o momento de ir mais fundo nessa possibilidade, mas parece ser o momento de examinar mais de perto a energia que o capitalismo gera, assim como uma bateria gera eletricidade. Todos sabem a fonte dessa voltagem social única. É a atividade que está no âmago da ordem — o impulso de ir para a frente, de ganhar dinheiro, de acumular capital. Vamos usar a última frase porque, como veremos, há uma conexão integral entre "capital" e o sistema que é construído em seu nome — uma conexão velada, ou mesmo escondida, nas expressões de todo dia "ir para a frente" e "ganhar dinheiro". De modo que nossa primeira ordem de questões é muito clara. É examinar o que queremos dizer com a palavra que se tornou não apenas o nome, mas a etiqueta de identificação da ordem social em que vivemos.

Surpreendentemente, capital não é a mesma coisa que riqueza. A riqueza constitui um aspecto muito antigo da civilização humana, mas o impulso de acumulá-la que podemos reconstituir até os faraós egípcios nunca se transformou numa força de mudança profunda e contínua. O Egito conquistado por Napoleão no começo do século XIX era muito parecido com o Egito de três mil anos antes. De maneira semelhante, os incas e os maias, ou os governantes da Índia e da China, acumularam grandes tesouros em metais preciosos e construíram magníficos palácios e templos, mas não há nada em suas longas histórias que sequer vagamente lembre a lógica desenvolvimentista que vemos nos últimos trezentos anos da história ocidental. Já dissemos a razão: riqueza não é capital.

O que é riqueza? Podemos abordar a questão examinando algo ainda mais antigo do que fortunas em ouro e prédios majestosos. Mencionei que sociedades primitivas gozaram da riqueza da satisfação plena, exceto quando a natureza ia contra elas. Permitam-me agora acrescentar que muitas dessas sociedades também criaram monumentos que exigiram longos e árduos trabalhos — Stonehenge ou as famosas cabeças esculpidas da Ilha de Páscoa, as pinturas rupestres de Lascaux, ou os grandes postes totêmicos da costa noroeste da América do Norte. Isso era riqueza? Acho que não. Chamaria tais criações de objetos de virtude. Porque eram incorporações da vida espiritual da comunidade — testemunhos de sua obediência a maneiras consagradas pelo tempo, oferendas propiciatórias a uma Natureza animada.

A riqueza não é um objeto de virtude. É um símbolo de poder e prestígio, que normalmente cabe ao personagem a quem pertence e, em menor extensão, à sociedade na qual é encontrada. A própria palavra "pertence" nos diz alguma coisa sobre a riqueza que a diferencia dos objetos de virtude. É que a riqueza está inextricavelmente associada à desigualdade. Essa aguda percepção de um ponto crítico, nós a tiramos de uma fonte bem equívoca, o primeiro dos grandes filósofos do capitalismo, que escreve: "sempre que há grandes propriedades, há grandes desigualdades (...). A opulência dos ricos pressupõe a indigência da maioria." É Adam Smith que está falando, e não Karl Marx.[11]

A questão da desigualdade merece alguma atenção. Smith sabia que o desejo de riqueza exigia explicação, e encontrou-a em dois benefícios que ela proporcionava. O primeiro era a consideração, que se baseia em *status* desigual. "O homem rico se regozija com suas riquezas", escreveu Smith, "porque sente que elas naturalmente atraem a atenção do mundo. A esse pensamento, o coração parece se alegrar e se dilatar dentro dele, e tem mais alegria com sua riqueza por essa causa, do que por todas as outras vantagens que ela lhe traz".[12] A segunda razão se enraizava em outra fonte de diferença introduzida pela riqueza. "Riqueza", escreveu Smith, citando

11. Idem, p.709-10.

12. Adam Smith, *The Theory of Moral Sentiments*, Oxford, Clarendon Press, 1976, p.50-1.

Hobbes, "é poder". Smith diz ainda que o poder conferido pela riqueza não é político, nem militar, embora possa ser uma senda para este último. É "o poder de comprar; um certo comando sobre todo o trabalho, ou sobre todo o produto do trabalho que então esteja no mercado".[13]

O elemento de desigualdade é revelado aqui no termo "comando". Smith não quis dizer que a riqueza simplesmente permite que dois indivíduos, nas mesmas circunstâncias, troquem seus serviços em base mutuamente satisfatória, usando o dinheiro como uma maneira conveniente de simplificar a transação. Ele quis dizer que a falta de riqueza pode forçar um indivíduo em circunstâncias menos favoráveis a ter, com um indivíduo melhor situado, uma relação de mercado desvantajosa, simplesmente devido à diferença de suas situações. Certamente não é surpresa dizer que os ricos estão em posição de gozar uma parcela desproporcionalmente maior dos bens e serviços da sociedade. O que pode soar como um pensamento pouco comum é a idéia de que o próprio conceito de riqueza implica essa desigualdade, e que uma sociedade de iguais-em-riqueza, mesmo que gozasse os prazeres das Noites da Arábia, seria, necessariamente, uma sociedade em que não existiria poder econômico.

Isso nos leva a um aspecto da propriedade que tem especial importância para o capitalismo. É a desigualdade entre os proprietários dos meios de produção e os que trabalham com tais meios — ou seja, entre os capitalistas e "seus" trabalhadores. Voltando um pouco à sociedade kalahari, podemos, sem dúvida, encontrar algum grau de desigualdade no que toca aos artigos pessoais ou às armas dos vários membros da comunidade. Mas a idéia de que um bosquímano rico pudesse ser dono de todas as armas da tribo, de modo que Gai tivesse que alugar arco e flechas para alimentar a família, ou até mesmo que tivesse de se transformar em "empregado" do bosquímano rico para poder conseguir alimento, seria tão impensável na

13. Smith, *The Wealth of Nations*, op. cit., p.31.

sociedade kalahari quanto para nós seria a idéia de alguém entrar numa fábrica e usar livremente o equipamento que ali se encontrasse. A vantagem central conferida pela riqueza no capitalismo é o direito de negar acesso aos meios de produção. Um indivíduo que não possui nenhum capital é perfeitamente livre para trabalhar como queira, e pode, na verdade, ter muito êxito usando apenas a propriedade de seu próprio corpo — os atores ou cantores são exemplos disso. Mas quem não tiver esse talento pessoal deve pagar pelo privilégio de fazer uso da riqueza que pertence a outro. Isso coloca sob uma nova luz a instituição do "trabalho assalariado", que é a maneira pela qual o trabalho dos indivíduos é congregado e remunerado no capitalismo.

II

O capital é riqueza? Sim e não. Capital certamente é riqueza, na medida em que uma pessoa que possui capital normalmente goza de consideração e detém poder no mercado. A questão, então, é se riqueza é capital. A desconcertante resposta é que às vezes sim, às vezes não.

A diferença está na natureza peculiar do capital. O capital é riqueza cujo valor não é inerente às suas características físicas, mas a seu uso na criação de mais capital. Tipicamente, esse uso se dá quando a moeda é convertida em mercadorias enquanto matérias-primas, as matérias-primas são convertidas em bens e serviços finais, e os bens finais são vendidos no mercado — não para obter um lucro, aposentar-se e viver uma vida regalada, mas para comprar mais matérias-primas e começar outra vez o processo. Em conseqüência dessa circulação sem fim, as características físicas das mercadorias nada têm a ver com suas funções enquanto meio de riqueza: um capitalista pode ficar rico com sucata ou carvão, coisas que ninguém imagina como sendo riqueza. Da mesma forma, um quadro de Rembrandt, que certamente é uma incorporação de riqueza, só se transforma em capital quando não é mais desejado por si mesmo, e é usado como uma forma de reunir mais capital. Aí então o dono do Rembrandt se transforma em *marchand*. O capital, assim, difere da riqueza em seu caráter intrinsecamente dinâmico, continuamente mudando de forma, de mercadoria em dinheiro e de dinheiro em mercadoria, numa metamorfose infindável, que já deixa clara sua conexão integral com a natureza mutante do próprio capitalismo.

O que impulsiona esse processo que Marx chamou de auto-expansão do capital? Neste ponto focal de nossa análise, o entendimento torna-se vago. Os economistas falam do processo infindável de expansão como sendo um reflexo do desejo de "maximizar utilidades", uma visão sobre a qual sou cético, e de que falei no capítulo anterior. Este motivo vago, "maximização" de nossas satisfações, parece inadequado para dar conta da insaciabilidade do impulso que Marx descreveu como "Acumulai! Acumulai! Eis Moisés e os profetas".[14] Em algum lugar entre os dois está a afirmação de Adam Smith de que somos criaturas com o "desejo de melhorar nossa condição" — um desejo que, segundo ele, "vem conosco do berço, e nunca nos deixa, até entrarmos no túmulo" — e sua posterior descrição do objeto mais comum desse desejo, como sendo "aumentar a fortuna", o que quer dizer, ganhar dinheiro.[15]

Quanto a mim, creio que o implacável apetite de expandir o capital é melhor entendido como uma manifestação daqueles impulsos que, em sociedades mais antigas, tomam a forma de expansões imperiais ilimitadas ou da glorificação dos reis como se fossem deuses. A vazia maximização das utilidades e a bastante moderada "melhoria de nossas condições" ao ganhar dinheiro assumem então sua necessária premência quando vinculam o impulso de ficar rico a motivos incons-

14. Karl Marx, *Capital*, Nova York, International Publishers, 1967, p.595.
15. Smith, *Wealth*, op. cit., p.324.

cientes, provavelmente derivados de fantasias infantis de onipotência. Veremos dentro em breve por que, em nossa sociedade, tais fantasias assumem a forma de expansão do capital.

Mas há um segundo motivo que suplementa e talvez aguce o primeiro. A conseqüência de cada capitalista procurar expandir seu campo de operações é a colisão de um contra o outro a que damos o nome de concorrência. "Um capitalista sempre mata muitos", diz Marx.[16] Assim, existe um elemento do espírito de guerra — parte agressivo, parte defensivo — adicionado ao puro engrandecimento. Desse ponto de vista, o capitalismo surge não apenas como uma ordem social caracterizada pela mudança constante, mas como uma ordem em que a busca de riqueza realiza alguns dos propósitos inconscientes da glória militar e da majestade pessoal em épocas anteriores.

III

Essas reflexões mais uma vez vinculam o estudo do capitalismo àquelas questões insistentes e perturbadoras levantadas pela situação histórica corrente. Uma delas, como já mencionamos, é o papel da natureza humana como a força motriz por trás dos acontecimentos. Como muitas vezes ouvimos dizer que o motivo lucro é uma expressão da natureza humana, poder-se-ia pensar que a acumulação de capital é encontrada em todas as sociedades, inclusive as organizadas sob a égide da Tradição e do Comando. No entanto, pouco ouvimos falar dele, antes do capitalismo surgir em cena, no século XVIII.

Já vimos a razão. Riqueza não é a mesma coisa que capital. Júlio César ganhou o governo da Espanha e suas grandes

16. Marx, *Capital*, op. cit., vol. I, p. 763.

minas, de onde em poucos anos retornou um homem rico, mas não um capitalista. O surgimento do capital como processo social impulsionador, transformador, exigia mais do que o enriquecimento de generais de sucesso. Por uma coisa: a vida econômica tinha de se elevar do baixo nível em que era mantida — "vazia de nobreza e hostil ao aperfeiçoamento do caráter", nas palavras de Aristóteles — para algo que se aproximasse da respeitabilidade. Como parte de tal processo, uma "economia" semi-independente tinha de se livrar do Estado que a envolvia. E subjacente a tudo, uma rede de transações tinha de se ampliar até alcançar os próprios processos vitais da sociedade. Enquanto as atividades mais fundamentais da produção não fossem trazidas para o circuito da transformação de moeda em mercadorias, e de mercadorias de novo em mais moeda, uma ordem social capitalista não podia lançar raízes. Só então a acumulação de capital poderia herdar as fantasias de poder que anteriormente se liberavam na busca de glória e de aventura. Dessa forma, não importa o quanto a "maximização", a "melhoria de nossas condições", a pura agressividade, ou a ambição reflitam os atributos da natureza humana: elas parecem ter desempenhado um papel passivo, e não ativo, na ascensão do capitalismo. Sem dúvida, o impulso de acumular não poderia ter se insinuado de maneira tão profunda e generalizada no comportamento, se não tivesse facilmente se prestado às necessidades e apetites primais da personalidade humana; mas também não há dúvida de que tais necessidades e apetites, por si mesmos, não foram suficientes para produzir uma ordem capitalista na ausência de grandes acontecimentos impessoais.

Esse grande acontecimento impessoal, no caso do capitalismo, foi a queda do Império Romano, um "acontecimento" catastrófico que se estendeu por cerca de quatrocentos anos. A queda de Roma foi crucial não apenas porque a hierarquia social do Império era, em todos os níveis, incompatível com a ordem capitalista, mas porque suas ruínas propiciaram uma extraordinária base sobre a qual essa ordem iria emergir —

lenta, dolorosamente, e sem qualquer sentido de estar realizando uma missão histórica — durante o milênio a que chamamos de feudalismo. O fato de o capitalismo não ter aparecido espontaneamente mais de uma vez na história mundial, sobre o qual muitas vezes se comentou, deve-se, imagino, ao fato de essa base social também nunca ter existido em outros lugares.

Podemos apenas esboçar uma narrativa tosca desse processo milenar de nascimento. O desaparecimento do Império deixou a Europa sem lei, moeda ou governo unificados, uma colcha de retalhos de cidades isoladas e autônomas, propriedades senhoriais e pequenos feudos — uma catástrofe como a da derrocada da União Soviética, mas multiplicada por mil. No entanto, a própria fragmentação da vida feudal abriu o caminho para a transformação que se seguiu. Lá pelo século IX — quatrocentos anos depois de iniciada a "queda" —, umas poucas tropas de mercadores que restaram das oficinas romanas percorriam os caminhos de um feudo a outro, acompanhados por um séquito armado para repelir os ataques dos barões ladrões. Gradualmente, esses aventureiros mercadores se insinuaram nos negócios dos feudos, e especialmente das cidades, de modo que no século XIV — estamos agora com quase mil anos de história medieval — seus descendentes tinham se tornado as autoridades políticas do "burgo" em expansão, da vida urbana. Aqui eles desempenharam um papel que era, ao mesmo tempo, indispensável para a evolução da ordem feudal e, em última análise, também subversivo: essencial porque os senhores feudais constantemente eram obrigados a pedir empréstimos a seus burgueses residentes, alguns dos quais eram, então, muito ricos; subversivo, porque a maneira comercial de viver que os donos do dinheiro defendiam era, em última análise, incompatível com o domínio feudal. Ao final do século XVII, a classe burguesa (do burgo) já era uma força política na Inglaterra, no final do século XVIII era o verdadeiro senhor da França e no final do século XIX, a força politicamente dominante no mundo.

Com a ascensão da burguesia ao poder surgiram também os delineamentos de uma nova ordem social em que novos valores, referidos ao dinheiro, eram talvez seu aspecto mais notável, mas a difusão de uma nova forma de vida econômica era, de longe, o mais importante. No campo, a instituição da servidão, em que o servo pagava uma parte de sua colheita para o senhor e ficava com o resto, deu lugar a uma instituição muito diferente, em que o fazendeiro capitalista pagava um salário a seus trabalhadores, mas detinha tudo o que produzissem. Na cidade, a relação entre mestre e aprendiz, sob a estrita supervisão das regras das guildas, transformou-se na relação entre patrão e empregado, sem nenhuma regulamentação exceto a do mercado de trabalho. Nas grandes cidades, ganhar dinheiro deixou de pertencer à vida suspeita da periferia para constituir seu centro, mais digno de consideração.

E assim desapareceram as instituições do feudalismo, não sem derramamento de sangue, e em seu lugar apareceram as de uma ordem que Adam Smith chamou de "Sociedade da Liberdade Perfeita". O nome referia-se à liberdade econômica, e não política, e, segundo nossos padrões, o grau de liberdade estava muito longe de ser perfeito. De qualquer forma, numa Sociedade de Liberdade Perfeita os trabalhadores podiam se mover livremente de um lugar para outro, coisa que servos e aprendizes não podiam; e os capitalistas podiam aumentar ou diminuir seus preços da maneira que achassem conveniente, o que, como membros das guildas, não podiam fazer. Assim, as instituições tomaram forma, ainda sem o nome de "capitalismo". Como o termo que denota a água em que nadamos, "capitalismo" entrou na língua inglesa em algum momento de meados do século XIX, talvez — dentre todos os lugares! — na obra de Thackeray. Desde então tem estado conosco, embora seu variegado passado e seu problemático futuro levem alguns a preferirem "sistema de empresas privadas livres", com sua conotação mais explícita.

IV

A definição da acumulação de capital como a força motriz da nova ordem social deixa claro por que o capitalismo revoluciona a vida social e material de uma maneira que os impérios, com todas as suas pirâmides, arcas abarrotadas de ouro, ou palácios fantásticos, não conseguiram. A razão é que a vontade de capital se dirige à base da sociedade, e não a seu cume. A contínua conversão de mercadorias em moeda é prontamente feita através do amplo espectro da produção, onde ela age como uma força poderosa no aumento da quantidade e na mudança da qualidade da produção. A reunião de riquezas sob a forma de monumentos e tesouros não tem esse efeito.

Adam Smith fez dessa expansão da produção um aspecto central da Sociedade da Liberdade Perfeita. A expansão começa, como explica Smith, porque a maneira mais fácil de um capitalista melhorar suas condições é poupar uma parte dos lucros e investi-la em equipamento adicional, aumentando assim a produção potencial de sua empresa, e portanto sua renda futura. Nas famosas páginas iniciais da *Riqueza*, Smith descreve como esse processo funciona em uma pequena "manufatura" de alfinetes que emprega apenas dez homens. Ao dividir os processos de manufatura em passos separados, cada um deles realizado por uma pessoa diferente, muitas vezes auxiliada por maquinarias, os dez trabalhadores eram capazes de fazer mais do que 48 mil alfinetes por dia: "se cada um deles tivesse trabalhado separada e independentemente", observa Smith, "(...) certamente cada um deles não poderia ter feito 20, talvez nem mesmo um único alfinete por dia."[17]

Assim, o processo de acumulação exerce seu impacto imediato no ambiente social multiplicando a produtividade do trabalho. Smith explica o aumento pelo estímulo à "destreza"

17. Smith, *Wealth*, op. cit., p.4-5.

do trabalhador, a economia de tempo antes perdido "pulando" de uma tarefa para outra, e a maior facilidade de mecanizar o trabalho "dividido". Tudo isso leva à ampliação da produção, que é uma conquista central na sociedade de Smith. Menos conhecida é a expectativa de Smith de que o processo de crescimento chegaria ao fim logo que a sociedade tivesse produzido todo o capital de que necessitasse. Por trás dessa visão redentora está o pressuposto de que a produção aumenta, mas o produto continua o mesmo. É característica da falta de interesse de Smith nas mudanças tecnológicas e organizacionais, essa falta de confiança nas capacidades administrativas das "sociedades anônimas" que então começavam a aparecer.[18]

Na visão que, no geral, a suplantou — associada à obra de Joseph Schumpeter na década de 1930 —, o descendente do manufatureiro de Smith logo percebe que o mercado de alfinetes está saturado, mas descobre outra maneira de expandir seu capital variando seu produto, talvez produzindo alfinetes de cabeça colorida. Depois disso, o filho resolve arriscar numa nova invenção chamada alfinete de "segurança"; o neto muda-se para os clipes; seus descendentes dão o salto para o fecho ecler e o velcro. Minha ilustração lança mão da imagem vitoriana do capitalismo familiar, mas para Schumpeter a mais formidável maneira de acumular capital era o deslocamento de um processo ou produto por outro nas mãos das empresas gigantes. Chamou o processo de "destruição criativa", que continua sendo a agência central de mudanças em todas as economias capitalistas avançadas.

Seja ela feita pela fábrica de alfinetes de Smith ou pela empresa inovadora de Schumpeter, a acumulação muda a sociedade de duas maneiras. Não há erro quanto a mais importante. É a elevação dos níveis de vida nos países em que a complexa estrutura do capitalismo conseguiu lançar raízes.

18. Smith, *Wealth*, op. cit., p.94-5, 700. Ver também meu "Paradox of Progress: Decline and Decay", in *Essays on Adam Smith*, A.S. Skinner e T. Wilson, orgs., Oxford, Clarendon Press, 1975.

Um cálculo do demógrafo Paul Bairoch deixa isso bem claro. Ele compara as mudanças do PNB *per capita*, em dólares constantes, entre os países "atualmente desenvolvidos" e os países "atualmente menos desenvolvidos" — ou seja, entre o mundo capitalista e o mundo não-capitalista — para a década de 1750 e a de 1980.[19] Ao examinar o desempenho comparativo dos dois conjuntos de países, vemos que enquanto o padrão médio de vida era muito semelhante na década de 1750 — em si mesmo um fato espantoso — nos 230 anos seguintes o indivíduo médio no mundo capitalista ficou oito vezes mais rico do que o indivíduo no mundo não-capitalista.

Deve-se, claro, encarar tais dados com algum cuidado. Uma razão para a extraordinária diferença no desempenho é o rápido movimento no sentido da estabilização populacional nos países avançados, comparado com o desabalado aumento no mundo subdesenvolvido. Tanto a estabilização como a explosão populacional podem ser efeitos indiretos do capitalismo — a primeira refletindo a cada vez mais divulgada cultura da classe média, e a última testemunhando a poderosa eficácia dos avanços em saúde pública, introduzidos nas nações sem controle de natalidade. Parte da divergência de rendas, em outras palavras, é sem dúvida resultado de efeitos colaterais do capitalismo, mais do que apenas de seu melhor desempenho produtivo. Uma razão ainda mais importante é a drenagem de riqueza da periferia subdesenvolvida para o centro desenvolvido — a versão capitalista da exploração, muito mais antiga, dos fracos pelos fortes. O crescente abismo entre nações ricas e pobres é, sem dúvida, não apenas uma medida do desempenho superior do mundo capitalista, mas também uma indicação de seus poderes de exploração.

Assim, certamente é preciso qualificar a mensagem transmitida pelos dados de Bairoch. Isso, no entanto, não significa negar sua impressionante conclusão. O capitalismo alterou o

19. Paul Bairoch, in Just Faaland, *Population and the World Economy in the 21st Century*, Oxford, Basil Blackwell, 1982, p.192.

curso da história, primeiro e acima de tudo, criando um ambiente sócio-econômico inteiramente novo em que, pela primeira vez, as condições materiais melhoraram segura e claramente nas áreas em que o sistema floresceu. Repito isso mais uma vez por uma questão de ênfase. Ao olhar para os 150 anos de crescimento dos Estados Unidos, vemos que a renda real *per capita* até meados da década de 1980 cresceu a uma taxa média de 1,5% ao ano — o que talvez não pareça muito impressionante, até que nos damos conta de que foi o suficiente para dobrar os padrões reais de vida a cada 47 anos. Além disso, com exceção dos anos mais críticos da depressão de 1869 e os terríveis primeiros anos da década de 1930, a atividade econômica a cada ano esteve, com uma diferença de 10%, no entorno de uma linha reta ligando 1839 a 1985.[20] Mais recentemente, vimos esse mesmo processo de transformação se estabelecer na Europa, e, mais recentemente ainda, no Japão e no Pacífico, em Taiwan, Coréia, Hong Kong, e talvez Cingapura e Malásia.

V

Ao escrever no meio de uma séria deterioração econômica cujo início já se percebe nos anos finais da longa trajetória de crescimento, é difícil pensar no capitalismo como uma ordem social cuja principal conquista vem sendo a melhoria da vida material. Mas é esse próprio arrefecimento que prova a importância da expansão secular do passado, não apenas como uma base a partir da qual se pode avaliar as perspectivas capitalistas para o futuro, mas como a fonte de uma idéia cuja importância se sente com mais força à medida que parece empalidecer cada vez mais. É, novamente, a idéia de progresso — uma idéia ausente de qualquer ordem social anterior ao

20. *Economic Report of the President*, Washington, D.C., 1986.

capitalismo, e que certamente seria ameaçada por quaisquer dúvidas que restem a respeito da capacidade de acumular capital.

O vínculo entre acumulação e progresso material não é, no entanto, simples. O leitor do *Manifesto comunista* sempre se surpreende ao descobrir que ele contém um verdadeiro panegírico aos poderes do processo de acumulação. O leitor também descobre que o processo, como tudo o mais em Marx, é dialético, bilateral, contraditório. Desde o início, a elevação do bem-estar material provocada pelo desenvolvimento vitorioso do capitalismo tem sido acompanhada por uma nova forma de miséria social — não os antigos flagelos, as más colheitas, as invasões de saqueadores, ou a simples injustiça, mas um efeito colateral "econômico" sem exemplo nas sociedades que o precederam. Trata-se da tendência do crescimento econômico a gerar simultaneamente tanto a riqueza como a miséria, como parte do funcionamento do próprio processo de acumulação.

A nova forma de miséria apareceu pela primeira vez na Inglaterra elizabetana sob a forma dos "cercamentos" de terra. Cercamento significa que as terras que tradicionalmente eram tidas como "comunitárias", onde os camponeses pobres podiam construir suas cabanas, dar pasto a seus animais e fazer pequenas plantações, foram então tomadas por seus proprietários legais, principalmente a nobreza da terra, para uso exclusivo como pastagem de carneiros. Os cercamentos foram aprovados pelo Parlamento e foram acompanhados por pagamentos de pequenas quantias aos camponeses desapropriados. Mas cobraram um preço alto. Ao voltar de uma viagem pelo reino, a Rainha Elizabeth exclamou que "os miseráveis estavam em toda parte"; 150 anos depois, os "pobres vagabundos", que era como se chamavam os camponeses sem terra, ainda eram o escândalo da nação. A causa dessa miséria em massa, e duradoura, está diretamente ligada à introdução dos processos capitalistas numa sociedade que ainda era, em grande parte, feudal. Os cercamentos foram feitos porque a venda de lã se tornou uma atividade lucrativa. O comércio de lã foi, sem dúvida alguma, um dos centros de crescimento da Inglaterra do final do século XVII — não é por nada que Lorde Chancellor da Câmara dos Comuns até hoje se senta numa almofada de lã. Assim, considerações "econômicas" tanto aceleraram o ritmo da produção, como se tornaram uma causa de ruptura e de empobrecimento.

Esse processo ambivalente assumiu um aspecto diferente 100 anos depois, quando os centros ativos de acumulação tinham passado para as manufaturas sobre as quais Smith escreveu. Os produtos dessas indústrias que brotavam por toda parte, sem dúvida alguma, beneficiaram os consumidores de classe média que os compravam, e os lucros auferidos certamente beneficiaram seus proprietários. O que não é tão certo é se também couberam benefícios aos trabalhadores. Seus salários eram baixos, mas isso acontecia em toda parte, de modo que não era um mal introduzido especificamente pelo capitalismo. Smith identificou-o como sendo os efeitos das tarefas repetitivas e vazias a que a divisão do trabalho levava. "[O] homem cuja vida inteira é passada a realizar um pequeno número de operações", queixava-se Smith, "(...) não tem ocasião de exercitar seu entendimento (...) e geralmente se torna o mais ignorante e estúpido que uma criatura humana pode se tornar."[21]

No início do século XIX as manufaturas ainda em pequena escala foram eclipsadas pelas "negras e satânicas fábricas", onde mulheres e crianças trabalhavam em condições brutais por um pagamento menor do que o de subsistência. Este subterrâneo da Inglaterra de Dickens é bem conhecido, muito embora não se observe com a mesma freqüência que as mesmas fábricas que chocavam os observadores mais sensíveis daquele tempo eram também centros de acumulação em grande escala, bem como uma das principais fontes de seu alcance ultramarino. Frederick Engels fez para um companheiro a observação de que nunca tinha visto uma cidade com

21. Smith, *Wealth*, op. cit., p.734.

construções tão ruins quanto Manchester, com seus cortiços miseráveis. Seu companheiro ouviu calmamente, e respondeu, "No entanto, muito dinheiro se ganha aqui; bom dia, senhor."[22]

Voltaremos depois à questão dos efeitos colaterais da acumulação: basta mencionar o problema dos prejuízos ecológicos causados pelos processos industriais para deixar claro que o aspecto negativo da acumulação de capital não é, de maneira alguma, uma questão de história passada. Mas nestas considerações iniciais quanto à vontade de capital quero apresentar uma segunda maneira pela qual a acumulação revela os seus dois gumes. É a vinculação entre a vontade de capital e a tendência recorrente da economia de perder impulso, e até mesmo de ir para trás.

Já notamos que Smith, bem ingenuamente, esperava que a Sociedade de Liberdade Perfeita entrasse em declínio após construir todas as manufaturas de que necessitasse. Depois da época de Smith, o interesse centrou-se menos nessa visão grandiosa de ascensão e queda e voltou-se para a questão de saber se uma sociedade comercial tinha a tendência, de tempos em tempos, a desenvolver uma "saciedade geral". Isso, por sua vez, evoluiu para o conceito de "ciclos" econômicos — tendências autogeradas a oscilar entre períodos de expansão e de contração, para as quais foram sugeridas muitas causas subjacentes: recorrentes retrações de crédito, excessos e desajustes de oferta e demanda, variações de otimismo e pessimismo. Por algum tempo, nas décadas de 1920 e de 1930, ocorreu um aguçamento do interesse, talvez disparado pelo advento da inexplicável Grande Depressão, na possibilidade de existirem "ondas longas", que impunham um majestoso ritmo de 50 anos de expansão seguidos por exaustão; mas nunca foi oferecida nenhuma explicação satisfatória para a existência das ondas.

22. De Edmund Wilson, *To the Finland Station*, Nova York, Farrar, Straus & Giroux, 1972, p.142. Ed. bras.: *Rumo à estação Finlândia*, São Paulo, Companhia das Letras, 1986.

Em nossa época, a atenção voltou-se principalmente para a explicação do próprio processo de crescimento. Lembro-me de uma aula a que assisti em meus dias de faculdade, na década de 1930, quando Alvin Hansen, o primeiro apóstolo de John Maynard Keynes nos Estados Unidos, examinou com interesse uma linha ascendente e ondulada no quadro-negro que descrevia a sucessão de ciclos econômicos ao longo do tempo, e observou que o ponto mais baixo de uma depressão muitas vezes era mais alto que o cume do surto dois ou três ciclos antes. Hansen estava chegando perto da idéia de que as mudanças na taxa de crescimento, e não em seus padrões cíclicos, eram o problema fundamental na instabilidade do sistema.

Nos últimos anos, duas hipóteses interessantes foram apresentadas para dar conta da irregularidade dessa trajetória de longo prazo. A primeira explica-a em termos de deslocamentos generacionais na "estrutura social da acumulação" que determina as forças relativas do trabalho e do capital. Essa estrutura social começa com o padrão das relações sindicato-administração, estende-se para as relações entre empresas e governo, e daí então para o reino da opinião pública em geral — todos eles, elementos que entram no balanço de poder entre trabalho e capital, e que, portanto, afetam a taxa de salários, uma variável chave na determinação da taxa de investimento.[23] A segunda hipótese destaca o aparecimento irregular de rupturas "transformadoras", tecnológicas ou institucionais, que abrem vastas fronteiras de investimento, tais como os períodos de construção de estradas de ferro ou de montagem da indústria automobilística, mencionados no capítulo anterior.[24] Por sua vez, ambas as explicações para as mudanças nas taxas de crescimento econômico podem ser vagamente ligadas a dife-

23. Ver David Gordon, Richard Edwards e Michael Reich, *Segmented Work, Divided Workers*, Nova York, Cambridge University Press, 1982.

24. Edward J. Nell, *Transformational Growth and Effective Demand*, Nova York, Macmillan, 1992.

rentes configurações da forma geral do capitalismo, do sistema mercantil para o industrial, e agora para uma base estrutural pós-industrial e multinacional.

Essas hipóteses lançam alguma luz sobre as perspectivas da acumulação no futuro? Claro, elas chamam nossa atenção para a balança política de poder e os efeitos transformadores da tecnologia como elementos-chave na determinação da taxa de crescimento econômico. Infelizmente, esse saber não aumenta em muito nossa capacidade de antecipar o futuro com qualquer grau de segurança. É possível — ou, o que talvez seja melhor, não é impossível — que as décadas futuras venham a testemunhar uma série de estímulos tecnológicos em massa do tipo do que nos empurrou para a frente com regular irregularidade nos dois últimos séculos; mais recentemente, no surto de 25 anos após a guerra em que o turismo se transformou na maior indústria do mundo, e a informatização mudou a organização de todos os negócios, da lavanderia à megaempresa. Infelizmente, o mesmo pode ser dito de uma possibilidade mais sombria, ou seja, a de que o futuro será dominado por períodos de estagnação e declínio, ultimamente manifestados na estagnação de crescimento que já dura uma década, no declínio da produtividade e no crescimento do desemprego em virtualmente todas as nações capitalistas. A mesma perspectiva indeterminada é a que temos à frente em relação à estrutura social onde se dá a acumulação de capital. As próximas décadas poderão ver uma nova *entente* política tal como a da década de 1950, que pôs em ação as instituições imensamente estimulantes do estado do bem-estar; ou poderão testemunhar a séria erosão da crença na estrutura social e em sua eficácia, semelhante à da década de 1980.

Assim, as perspectivas de crescimento a longo prazo continuam opacas, como sempre foram. No momento apropriado, vamos tratar da questão de saber se ainda existem possibilidades de alcançar um ímpeto transformador, mesmo que os processos espontâneos sejam vagarosos. Mas não posso fechar este capítulo como gostaria, com uma previsão plausível, otimista ou não, sobre as perspectivas da contínua expansão capitalista. Ao invés disso, devo relembrar a meus leitores a ambição muito mais modesta que motivou este livro. É entender melhor a natureza do sistema em que vivemos, e portanto as barreiras no interior das quais deve se situar qualquer perspectiva factível para o capitalismo. Ter compreendido o poder, a necessidade e a vulnerabilidade do desejo de acumular capital já é ter aprendido alguma coisa sobre o futuro que podemos imaginar para o século XXI; e, em conseqüência, ter-nos preparado, de algum modo, para as provações da história.

4

A Política do Capitalismo

I

O capítulo anterior versou sobre o capitalismo enquanto sistema econômico; este versará sobre o capitalismo enquanto ordem política. A diferença entre ambos não é tão grande quanto se possa pensar — já vimos que os processos vitais da expansão de capital têm conseqüências políticas e econômicas, gerando males sociais juntamente com bem-estar material. Marx, que certamente tinha um diagnóstico arguto tanto sobre seu sistema político como sobre o econômico, achava que a economia do capitalismo era dominada pelas "contradições" geradas por seu impulso de produzir, e sua política, pela "luta de classes" decorrente de seu modo de distribuição.

A idéia de luta de classes soa bombástica hoje em dia, como pertencente ao vocabulário de outra era. Mas a avaliação de Marx não deve ser tão rapidamente descartada. Embora esteja por trás, fora de nosso campo de visão, uma tensão entre os que ocupam as posições favorecidas e os que não as ocupam informa a política de todas as ordens sociais estratificadas. Isso é apenas para dizer que a questão política fundamental do capitalismo, como a de todas as sociedades estratificadas, refere-se às relações de classe.

Voltaremos a falar sobre isso no final de nossa investigação. Mas, por enquanto, se perguntarmos qual é a questão política central imediata no capitalismo — a que assume uma proeminência muitas vezes obsessiva em qualquer nação capitalista —, só há uma questão a ser considerada: é a relação entre empresas e governo, ou, de nossa perspectiva mais remota, entre a economia e o Estado.

Muitas vezes não conseguimos perceber como é notável esse aspecto da vida política capitalista. Isso porque em geral não estamos cônscios de como é única, em qualquer ordem social, tal separação do governo global em dois reinos independentes e legalmente divorciados, que são, ao mesmo tempo, mutuamente dependentes e casados para toda a vida. A analogia mais próxima de tal cisão da ordem capitalista é a divisão, no feudalismo, entre a autoridade da Igreja e a do Estado, mas as turbulências dessa relação são mínimas, perto das que acontecem na bipartida autoridade secular numa sociedade capitalista.

Deixem-me começar, então, falando um pouco sobre cada lado dessa divisão. Todos sabemos da diferença entre "o Estado", com suas instituições da lei e da ordem, seu aparato de força e suas funções cerimoniais, e a "economia", com suas fábricas e lojas, bancos e mercados, anúncios classificados e seguros-desemprego. O negócio do Estado é governar, e o da economia, produzir e distribuir. Reconhecemos que, até certo ponto, governar exige que o Estado estabeleça regras e regulamentações para a economia, e que intervenha ocasionalmente nas questões econômicas; e sabemos também que as questões econômicas inevitavelmente se misturam com a função do governo, algumas vezes de maneiras antitéticas ao interesse público — a política externa é um desses casos — e algumas vezes de maneiras inseparáveis dele — a formulação da política econômica é o caso central.

O que em geral esquecemos é que essa dualidade de reinos, com suas fronteiras um tanto manchadas, não tem qualquer contrapartida nas sociedades não-capitalistas. Nos socialismos centralmente planejados, por exemplo, havia, é claro, apenas um reino, exceto para as terras dos camponeses e para um minúsculo "setor" de comércio de rua. Mais importante, havia apenas um reino até mesmo em sociedades aparentemente semelhantes às capitalistas, como a Grécia antiga, com seu florescente comércio internacional, ou Roma, que exibia uma espécie de bolsa de valores no fórum, ou a Florença do século XVI, com sua vida monetizada. A razão era que a autoridade governante do Estado não tinha limites legais. A idéia de que o aprovisionamento material da sociedade, deixado de boa vontade às atividades automotivadas dos fazendeiros, artesãos e mercadores, não estivesse, em algum sentido final, sob a autoridade do Estado nunca ocorreria a Aristóteles, Cícero ou Maquiavel. Se o Estado não se imiscuía demasiadamente em tais atividades era porque tinha coisas mais importantes a fazer, tais como a condução da guerra e a celebração de sua própria majestade, e porque tais tarefas "econômicas" eram suficientemente rotinizadas, ou marginais, para serem deixadas a si mesmas. Assim, tocando mais uma vez em um tema que percorre todas estas páginas, não havia economia nas sociedades pré-capitalistas pela mesma razão pela qual não havia teoria econômica. Sem dúvida, lá estavam todas as atividades necessárias de produção e distribuição, mas elas não se submetiam de maneira alguma a uma disciplina social diferente por causa de suas maiores funções sociais e econômicas.

A separação começa, como já vimos, na fragmentação política do desmoronado Império Romano, onde observamos a ascensão da classe mercantil, que vai de uma presença útil, mas incongruente, na paisagem medieval, a um "estado" social capaz de desafiar, e, ao final, dominar o mundo aristocrático a seu redor. Agora, entretanto, quero destacar outro aspecto de tal mudança crucial. Quero chamar nossa atenção para o resultado político de dupla face do processo de nascimento da economia. Por um lado, um verdadeiro reino de poder e autoridade passou a existir no interior de uma rede de fazendas, indústrias domésticas e ligações comerciais que, pela primeira vez, passou a se considerar fora do controle do Estado e capaz de tratar de seus próprios negócios com um mínimo de orientação ou de restrição políticas — uma espécie de Estado dentro do Estado. Por outro lado, o recém-constituído reino econômico não estava, de maneira alguma, preparado para abandonar sua íntima relação com a velha ordem política — nem mesmo sua dependência dela.

O que temos, então, é o surgimento de uma ordem social ao mesmo tempo dividida e unida. O problema óbvio colocado por essa divisão de autoridade era quais deveriam ser os deveres de cada reino, e, como sempre, Adam Smith captou a questão precisamente, em sua apologia a uma Sociedade da Liberdade Perfeita. Ele começa enfatizando a independência recentemente obtida em relação à sua "metade" econômica:

> Todos os homens, se não violarem as leis da justiça, são perfeitamente livres para buscar seus interesses de sua própria maneira, e para colocar sua indústria e seu capital em concorrência com os de quaisquer outros homens, ou classes de homens. O soberano [pode-se substituir por "o Estado"] está completamente livre de um dever, em cuja tentativa de cumpri-lo estará sempre exposto a inumeráveis erros, e para cujo desempenho nenhuma sabedoria ou conhecimento humano jamais seria suficiente — o dever de superintender a indústria de pessoas privadas e de dirigi-la no sentido dos empregos mais adequados ao interesse da sociedade.

Na frase seguinte, no entanto, Smith passa a descrever três deveres "de grande importância" que o Estado deve ainda desempenhar. São, primeiro, "o dever de proteger a sociedade da violência e da invasão"; segundo, "o dever de proteger, tanto quanto possível, todos os membros da sociedade da injustiça e da opressão por qualquer de seus membros"; e terceiro, "o dever de erigir e manter certas obras públicas e certas instituições públicas que nunca podem ser de interesse de qualquer indivíduo, ou grupo de indivíduos, erigir e manter, porque o lucro jamais cobrirá a despesa (...) embora possa freqüentemente acontecer que elas mais do que cubram tal despesa numa grande sociedade."[25]

25. Smith, *Wealth*, op. cit., p.651. Alterei um pouco a pontuação para facilitar a leitura.

Como sempre, Smith impressiona por sua imparcialidade. Reclama das "impertinências" de funcionários intrometidos que tentam substituir os desejos do mercado pelos seus próprios. No entanto, sua vontade clara de dar a primazia à indústria privada não o impede de reconhecer que o governo tem um papel indispensável. Além disso, quando descreve seus deveres em termos funcionais amplos, Smith de maneira alguma atribui limites estreitos a seu papel. Ao dar corpo aos três deveres públicos descritos acima, ele configura os departamentos e os ministérios de defesa do capitalismo, com suas multiformes redes de influência política e econômica; os sistemas nacionais de lei e de ordem, com suas cortes, forças policiais e cadeias; e a necessidade de "erigir e manter" o que chamaríamos de infra-estrutura nacional, incluindo explicitamente a educação, que Smith tinha em alta estima. Certamente não chega a ser um estado do bem-estar, de que falaremos em breve, mas tampouco é, qualquer que seja o esforço de imaginação, uma espécie de anarquia capitalista.

II

Os dois reinos do capitalismo estabelecem a estrutura de sua vida política. Também definem a estrutura de um aspecto do capitalismo que é muito celebrado, mas que raramente é vinculado a essa estrutura bifurcada. Trata-se da liberdade política que já distinguia a sociedade capitalista dos impérios que foram os seus primeiros rivais, e que a separou ainda mais claramente do socialismo centralizado que até recentemente era o seu arquiinimigo. Nossa próxima tarefa, então, é investigar como a divisão de poder entre os dois reinos se vincula à idéia de liberdade. Isso nos levará, mais uma vez, a considerar a vontade de capital que energiza o sistema, mas de um ponto de vista bem diferente.

Existe alguma vinculação entre essa vontade e o gozo da liberdade? Um argumento bem conhecido diz que a própria busca de riqueza é, em si mesma, a expressão de uma liberdade absolutamente básica, na qual se fundam todos os tipos de liberdade. Essa liberdade básica foi primeiro descrita por John Locke em seu famoso *Second Treatise on Government*, publicado em 1690, como o direito dos indivíduos de possuir seu próprio corpo e, por extensão, o trabalho de seu corpo. Adam Smith, seguindo Locke, chamou-a de "a mais sagrada e inviolável" de todas as formas de propriedade.[26] A partir dessa afirmação inicial do direito dos indivíduos de possuir seu próprio trabalho, Locke passa para a justificação da propriedade privada das coisas que os indivíduos, através do trabalho, tiram da natureza; e, numa ampliação aparentemente pequena, mas na verdade muito grande, passa a justificar a propriedade das coisas que seus "servos" tiram para eles. O direito de comandar seu próprio trabalho estabelecia, para Locke, a área essencial de liberdade que protege o indivíduo contra as incursões arbitrárias da sociedade. Como mostrou C.B. Macpherson, o argumento de Locke também amplia essa concepção de liberdade de maneira a cobrir o "individualismo possessivo" que se transforma na garantia de uma sociedade aquisitiva.[27] Dessa forma, o próprio capitalismo parece ser uma ordem social que é tanto a incorporação como a expressão da liberdade.

É fácil descartar essa vinculação entre liberdade e o direito de adquirir riqueza como um mero privilégio ostentado como moralidade, e não é um grande feito descobrir as opressões e as perdas de liberdade que foram impostas em nome dos "direitos" de propriedade que se seguem a essa visão de liberdade. Apesar disso, eu proporia que considerássemos com simpatia a idéia de que existe alguma conexão entre liberdade e direito de possuir o trabalho de nossos corpos e, até certo ponto — a qualificação é importante — o direito de possuir

26. Smith, *Wealth*, op.cit., p.121-2.

27. C.B. Macpherson, *The Theory of Possessive Individualism*, Nova York, Oxford University Press, 1962.

propriedades, sejam ou não produzidas por nosso trabalho. Mais precisamente, o que quero deixar claro é que, para haver liberdade política e social, é necessário haver uma ordem social onde exista um reino econômico em separado, e que é o capitalismo, até hoje, a única existente dentre tais ordens sociais.

Vamos começar com o importante fato de que nenhum país não-capitalista atingiu os níveis de liberdade política, civil, religiosa e intelectual encontrados em todos os capitalismos avançados. Colocando a questão de maneira diferente, o estado de explícita liberdade política a que damos o nome vago de "democracia" surgiu até agora somente em nações onde o capitalismo é o modo de organização econômica. O importante, porém, é a argumentação que está por trás dessa conexão. Certamente não é que a busca de capital faça nascer uma estrutura mental amante da liberdade. É mais que a presença de uma economia dentro de uma constituição política que dá uma ajuda inestimável à liberdade, ao permitir que dissidentes políticos possam viver sem interdição por um regime todo-poderoso. As garantias constitucionais são, sem dúvida, os alicerces sobre os quais as liberdades de todos os tipos se erguem, mas a presença de um reino privado no interior de um Estado, que fora isso seria totalmente abrangente, equivale, apesar de tudo, a uma Suíça neutra, na qual os inimigos do Estado podem procurar refúgio.

Deve estar óbvio que esse refúgio está longe de ser perfeito. A economia muitas vezes reluta em acomodar indivíduos considerados inimigos da ordem social: intelectuais subversivos, políticos radicais e outros que tais. A disponibilidade de empregos privados serve de maneira muito imperfeita ao propósito dos dissidentes de pregar impunemente os seus pontos de vista impopulares. Ainda mais evidente é a apologia que essa justificação à propriedade significa para o abuso do poder econômico ou para a vulgarização do desejo de posse. Tampouco se deve esquecer que a defesa do socialismo democrático, para não falar do comunismo teórico, muitas vezes foi considerada uma espécie de *lèse-majesté*, ao tratar uma preferência econômica como se fosse uma traição política. De qualquer forma, não se deve perder de vista o risco à liberdade em países onde não existe o território protegido chamado de Economia. O Capitalismo cria tal Suíça como parte de sua própria constituição.

III

Os reinos público e privado do capitalismo que definem a estrutura de sua vida política não coexistem facilmente, pois são motivados por diferentes imperativos. Estamos agora familiarizados com o desejo de acumulação que energiza o reino privado. Mas desde que surgiu pela primeira vez, também o Estado tem o seu próprio imperativo — sua *raison d'état* — que não apenas vem orientando os governantes e os que os cercam, como também criou um campo magnético capaz de capturar indivíduos de todas as classes sociais.

Esse magnetismo político pode ser descoberto em graus variados em muitas formas institucionais — cidades-Estados da Grécia antiga, monarquias absolutistas e constitucionais, repúblicas democráticas, regimes totalitários. No entanto, por trás dessas formas políticas diversificadas, podemos perceber um apelo comum, análogo ao poder mobilizador do capital em sua capacidade de congregar toda uma cidadania. No caso do Estado, no entanto, o apelo não é o de alcançar a distinção individual através de êxitos econômicos, mas, pelo contrário, alcançar a distinção fundindo as personalidades individuais num todo coletivo. Sem dúvida alguma, o atrativo dessa identidade auto-obliteradora tem suas raízes nas fantasias sufocadas da existência infantil, como acontece com o apelo do auto-engrandecimento da ambição de riqueza, muito embora no caso "político" seja a identificação entre crianças e pais, mais tarde socializada nas lealdades familiares e tribais, que estabeleça as fontes originais do fenômeno. Alguns desses recursos às necessidades humanas profundas parecem necessários, seja quando se procura simplesmente explicar por que as pessoas ficam de pé na rua apenas para ver de longe um líder nacional, ou por que as identidades religiosas e raciais são capazes de desencadear os imensos poderes destrutivos que ameaçam a civilização em nosso tempo.

Esse vislumbre da natureza humana lembra-nos, mais uma vez, o quadro mais amplo em que tal estudo do capitalismo deve, em última análise, se situar. De imediato, levanta a questão de como esses reinos de autoridade, diferentemente constituídos, estabelecem sua paz recíproca. A resposta nos traz de volta às características operativas da ordem capitalista. Pois temos apenas de observar as interações dos dois reinos em ação para ver que, a despeito de sua diferença fundamental, fortes afinidades os unem. O reino do capital não pode realizar sua tarefa de acumulação sem o apoio complementar do Estado, como Adam Smith percebeu com clareza. Do outro lado da moeda, o governo depende da saúde da economia para obter os recursos de que necessita para seus próprios fins, todos eles, virtualmente, caros.

Nessa dependência mútua, o reino do capital tradicionalmente ficou por cima. Está certo, o Estado tem as armas mais fortes — como se diz, o poder de tributar é o poder de destruir —, mas a capacidade de tributar é um privilégio vazio se a economia não estiver operando satisfatoriamente. Assim, em tempos normais, a primeira preocupação do Estado é ajudar e apoiar a acumulação de capital. Longe de "se acotovelar" com o setor privado, o governo abre espaço para que ele se mova. Não é por fraqueza, mas por considerar o seu próprio interesse, que o negócio do governo são os negócios, como Calvin Coolidge sucintamente colocou.

Para completar nossa visão geral dessa congruência normal de interesses, devemos notar que a relação entre os reinos mudou com as transformações da tecnologia e da textura institucional do sistema. No tempo de Smith, o papel do Estado se identificava, em grande parte, com os interesses e os pontos de vista aristocráticos, e não tinha certeza quanto ao papel que deveria assumir frente à emergente economia de mercado. Sob muitos aspectos, *A Riqueza das Nações* era um manual para o governo da época. Em meados do século XIX o governo estava, em todas as partes, abertamente associado à promoção dos interesses burgueses no país e no exterior — *O Capital* é a sua revelação. Em nosso tempo, a relação entre política e economia mudou mais uma vez, agora com o Estado assumindo as funções necessárias para proteger a economia das conseqüências cada vez mais ameaçadoras de um mercado não-regulado. Essas intervenções estatais começaram com problemas agora familiares, como o seguro-desemprego e os programas de previdência social, e atualmente estão tomando a direção do problema nada familiar de proteger a economia contra as incursões das forças econômicas globais.

Logo voltaremos a essa última questão, mas uma palavra final ainda parece necessária nessa consideração inicial da interação entre Estado e economia. Quando a soberania nacional está ameaçada, o capital aparece rapidamente em sua ajuda. Isso não acontece exatamente pelas mesmas causas que levam o governo a apoiar as empresas. O reino público certamente desaparecerá se as necessidades do reino privado não forem satisfeitas, mas a existência do reino privado não fica ameaçada se o reino público sofrer traumas políticos — a ordem capitalista resistiu a muitos problemas de fortuna política, incluindo a ascensão ao poder de partidos que se dizem socialistas. Na verdade, após a primeira e a segunda guerras mundiais, ele sobreviveu até mesmo a derrotas militares. As empresas correm para apoiar o governo mais por patriotismo, e possivelmente também por lucro, do que em defesa de princípios políticos. Talvez se possa resumir dizendo que as empresas apóiam os governos nas emergências e os governos apóiam as empresas entre as emergências.

IV

Se fosse apenas isso, a política do capitalismo consistiria em pouco mais do que o ajustamento mútuo desses objetivos distintos, mas não inconsistentes. No máximo, criaria problemas dos tipos previstos nos exemplos de Smith — problemas decorrentes das intervenções governamentais que interferem com a adaptabilidade e a flexibilidade que são as conquistas econômicas de uma Sociedade da Liberdade Perfeita, e da correspondente tendência das empresas a buscar vantagens políticas que talvez diminuam a energia potencial de um sistema de mercado competitivo.

Não são, de maneira alguma, conflitos menores de interesse — basta pensar na dura batalha do último quartel do século XIX, na tentativa de domesticar o comportamento das grandes empresas, ou nos conflitos modernos entre governo e empresas com respeito à escolha entre considerações ecológicas e lucro. Não obstante, tais conflitos nada mais são do que a política cotidiana de qualquer sistema industrial, semelhantes, em suas origens e soluções, às divergências que existiam entre o interesse dos planejadores e o dos gerentes na antiga União Soviética. Não é o que acontece com duas outras questões, que brotam, ambas, do processo para o qual muitas vezes nos voltamos quando desejamos definir a mola propulsora da vitalidade capitalista — a expansão do capital. Como veremos, no entanto, elas envolvem aspectos, ou conseqüências, daquela vontade de que até agora não tratamos extensamente.

A primeira nos leva a ver a própria acumulação de capital de uma perspectiva diferente da que estamos acostumados. Essa perspectiva focaliza o alcance geográfico da busca de recursos, trabalho e mercados que constitui a realidade do processo de geração de capital. E quando examinamos tal realidade com essa questão em mente, um fato logo salta aos olhos. O alcance econômico do capital é incomensuravelmente maior do que o alcance político das entidades nacionais de onde emana. A acumulação de capital se dá numa escala internacional — ou, mais acuradamente, transnacional — que a eleva "acima" das nações-Estados onde se localizam suas unidades operacionais. Como uma abóbada sobre essas nações-Estados, o processo de converter mercadorias em moeda, e moeda de novo em mercadorias de maior valor, se faz como um grande fluxo de tráfego econômico atravessando uma ponte apoiada nos pilares que são as minas, fábricas, escritórios e centros de pesquisa localizados em várias partes do mundo.

A magnitude desse fluxo transnacional tornou-se imensa. Segundo um recente estudo do Centro de Empresas Transnacionais das Nações Unidas, em 1985 as vendas conjuntas das 350 maiores empresas transnacionais significaram quase um terço do Produto Nacional Bruto conjunto de todos os países industrializados, um volume maior do que o PNB agregado de todos os países em desenvolvimento, inclusive a China.[28] Isso equivale a uma economia mundial dentro de uma economia mundial. Como tal, introduz uma nova tensão no endêmico problema político da relação entre os dois reinos do capitalismo. Desde seus primórdios, todas as economias capitalistas se aproveitaram das diferenças entre custos internacionais — especialmente custos de trabalho — como uma fonte primária de capital: Keynes, certa vez, calculou que o tesouro trazido pelo *Golden Hind*, o navio de *Sir* Francis Drake, considerando as taxas correntes de juros, era igual a toda a riqueza da Grã-Bretanha antes da I Guerra Mundial;[29] e a maior fonte individual de acumulação de capital no mundo moderno foi a realizada pela indústria do petróleo até 20 anos atrás, comprando por uma ninharia o petróleo do mundo subdesenvolvido.

Mas as conexões do comércio internacional não são as mesmas que as transnacionais. Elas não significam apenas extrair barato uma mercadoria num país e vendê-la em outro, mais desenvolvido, mas implicam uma rede de atividades de produção, pesquisa e comercialização espalhadas por muitas nações, algumas desenvolvidas, outras, não. Assim, a Chrysler Corporation, uma companhia "americana", faz o seu carro de

28. Gerard Piel, *Only One World*, Nova York, W.H. Freeman, 1992, p.246.

29. John Maynard Keynes, *A Treatise on Money*, vol. II, Londres, Macmillan, 1953, p.156-7.

maior sucesso no Canadá; a Honda "japonesa" é produzida nos Estados Unidos; a Pepsi-Cola faz seus produtos em 500 fábricas localizadas em 100 países; as companhias Phillips, Asea-Brown Boveri e Electrolux, todas membros do clube das 350 multinacionais, são, de muitas maneiras, grandes demais para caberem em suas economias "domésticas", a Holanda, a Suíça e a Suécia.

O que emerge nesse padrão cada vez mais globalizado de produção é um desafio à relação tradicional entre a economia e o Estado. O sistema de mercado globalizado vai além da autoridade política de qualquer governo em separado. Diante de uma rede de conexões que escapa a seus poderes de vigilância ou de regulamentação, os governos nacionais tornaram-se cada vez mais desiguais quanto às funções legais, monetárias e de proteção que são a sua contribuição para o bom funcionamento de uma economia. Pior: a nação se vê entre duas lealdades — por um lado, deseja que "suas" firmas maximizem suas rendas, sujeitas à tributação nacional; por outro, não quer que o emprego ou as capacidades de pesquisa, que deseja como parte de sua força econômica nacional, se localizem numa entidade nacional concorrente.

Até hoje esse conflito de interesses normalmente tem sido resolvido em favor da expansão transnacional da firma, como indicam as estatísticas de crescimento explosivo. O que não se sabe é se tal movimento pode continuar sem restrições. Assim como um mercado cambial de um trilhão de dólares por dia estabelece efetivamente o valor de qualquer moeda nacional segundo os desejos do "mercado" e não segundo as intenções de suas autoridades monetárias, uma unificação similar da produção econômica significaria, para qualquer nação-Estado individual, uma diminuição sem precedentes da capacidade de definir um destino econômico que se distancie substancialmente do destino de seus rivais políticos. Como já foi apontado por muitos economistas, isso pode trazer um aumento do nível médio de "eficiência" entre as nações; mas como esses mesmos economistas devem admitir, também significa uma perda sem precedentes da independência econômica que algumas delas desejam.

Assim, a internacionalização da vida econômica parece estar mudando a relação entre a economia e o Estado. Ao longo da história, o Estado, com seus procedimentos desajeitados, não tem sido páreo para as ágeis forças da vida econômica. A economia tem dominado a constituição governamental na história capitalista em extensão inimaginável em regimes anteriores. Apesar disso, em nossa época não precisamos de que nos lembrem dos poderes latentes que estão no interior do reino político. Em tempos normais, os homens estão dispostos a fazer muita coisa para ganhar dinheiro, mas raramente, ou mesmo nunca, morrer. Em tempos extraordinários, eles morrem às manadas por seu país, embora em tempos normais não se disponham a levantar um dedo por ele. Muito depende, então, das tensões políticas de uma economia cada vez mais internacionalizada: se atravessarão ou não a linha que divide os tempos comuns dos tempos extraordinários. Se a linha não for atravessada, a globalização da vida econômica construirá a sua paz de uma maneira ou de outra dentro dos limites da independência política, e o capitalismo continuará com mais ou menos as mesmas regras gerais, a despeito de mudanças que possam afetar bastante as posições mútuas de suas potências centrais e de suas dependências periféricas. Mas se a linha for atravessada, isso não se pode garantir. Vamos então testemunhar a afirmação da identidade nacional em desafio às tendências econômicas, muito provavelmente pela formação de agrupamentos nacionais semi-autônomos. A lógica da economia, que orientou uma grande parte da história moderna, será então desviada — embora tenha certeza de que não será suplantada — pela da política. E qual é a lógica da política? Suspeito que teremos de aprender da maneira mais difícil.

V

Uma segunda tensão, de não menor alcance, também coloca em questão a estrutura dos dois reinos. Trata-se da relação entre a economia da expansão e a paz política doméstica do sistema. Já vimos como o início do processo de acumulação trouxe inquietude ao reino da Inglaterra elizabetana com o cerco às áreas comuns. Com intensidade cada vez maior, tal inquietude persistiu por todo o século XIX e por um terço do século XX. Exceto por alguns gestos conciliatórios, sendo o principal deles a introdução da primeira legislação de previdência social pelo Chanceler Otto Bismarck, a resposta dos governos a essa ameaça expressou-se em legislações repressivas e medidas regulamentadoras. Em grande parte, sem dúvida, isso foi uma expressão de hostilidade de classe e medo, e, num grau menor, de indiferença ou inércia. Mas também não há dúvida que muito contribuiu a convicção de que o governo tinha pouco a fazer para resolver o problema da instabilidade econômica, exceto deixar o sistema recuperar sua vitalidade "natural". A intervenção política não era apenas contrária à natureza das coisas, mas de nada servia.

A década de 1930 mudou isso tudo, e a segunda metade do século mudou tudo de novo, trazendo-nos o impasse econômico que é uma das marcas do capitalismo de nossos dias. A mudança inicial foi provocada pela Grande Depressão, que reduziu o Produto Nacional Bruto de muitos países em mais de um terço — e, em alguns, em mais de metade; levou o desemprego a 25% da força de trabalho nos Estados Unidos; e reduziu o volume de comércio internacional por 53 meses consecutivos. Inquestionavelmente, o capitalismo esteve então mais próximo da derrubada ou do colapso do que em qualquer momento da vida de Marx. Na verdade, na Alemanha, Itália e Espanha o capitalismo deu lugar a uma espécie de sistema bastardo que mantinha um pouco da vontade de acumular e um pouco do mecanismo de mercado, mas que em grande parte destruiu a divisão entre os reinos. O sistema bastardo foi chamado de fascismo, e a mudança nas relações entre os reinos consistiu na subordinação da economia ao Estado.

Como todos sabemos, os anos 30 foram também o período em que o capitalismo sofreu uma mudança profundamente importante naqueles países em que essa subordinação não se deu. A mudança envolvia uma expansão do papel do reino público, mas com uma diferença decisiva. Nos Estados fascistas, alguma coisa como uma rígida rede de autoridade foi mais uma vez estabelecida; nas nações democráticas, a mudança conformou-se como um novo "dever" além dos três deveres originais de Smith.

O novo dever era lutar pelo que foi chamado de "pleno emprego". Era algo muito diferente da subordinação do setor privado às ambições do setor público, porque, embora o papel do Estado tenha sido ampliado, ficou, no entanto, muito longe de permiti-lo guiar, quanto mais dominar, as atividades do setor privado. Pleno emprego significava apenas que o crescimento econômico deveria ser levado a seus limites factíveis. John Maynard Keynes, cujo *General Theory of Employment, Interest and Money*, publicado em 1936, foi a Carta Magna da mudança, na verdade previa uma "socialização de alguma maneira abrangente" do investimento como algo necessário para resgatar o capitalismo do perigo do desemprego crônico. Mas essa nova função do Estado era apresentada da maneira mais apolítica possível, visto o apoio declarado de Keynes ao capitalismo e sua igualmente declarada insatisfação com o socialismo. A mudança estrutural que ele exigia era, portanto, dirigida apenas à suplementação das atividades de acumulação do setor privado, garantindo um nível suficientemente alto de dispêndio nacional. Keynes sequer pensou em usar esse maior componente público do dispêndio para realizar investimentos públicos em infra-estrutura. Segundo ele — e apenas em parte estava sendo irônico —, encontrar gastos sensatos em investimento público é tão difícil que daria no mesmo se o Tesouro enchesse garrafas velhas com cédulas de dinheiro, enterrasse-as numa mina de carvão desativada, e concedesse contratos para desenterrá-las.[30]

A economia keynesiana apresentava um esquema lógico de utilização do reino público de maneira até então inimaginada:

30. John Maynard Keynes, *The General Theory of Employment, Interest and Money*, Nova York, Harcourt Brace, 1936, p.129.

como agência fiscal da ordem capitalista, com a função de, no mínimo, impedir o desemprego em massa, e no máximo, de alcançar o pleno emprego. Não há dúvida de que a primeira responsabilidade foi cumprida com sucesso. Nos Estados Unidos, o teste não aconteceu nos anos 30, quando o dispêndio governamental cresceu de maneira modesta e, em conseqüência, até 1941 o desemprego permaneceu em torno de 15% da força de trabalho. Foi a guerra que demonstrou de maneira irrefutável que o desemprego podia ser eliminado através de uma política pública keynesiana: em 1943 o desemprego tinha caído a 3%. E embora a lógica da guerra não pudesse ser mantida depois de 1945, a aceitação política do estado do bem-estar forneceu uma nova legitimação para um maior dispêndio público. Em todo o capitalismo ocidental os dispêndios governamentais de todos os tipos — previdência social, seguros-desemprego, pensões familiares (exceto nos Estados Unidos), bem como as compras mais tradicionais de bens e seviços públicos — passou de cerca de um sétimo do PNB, antes da guerra, para um terço e até mesmo a metade. Como resultado, o desemprego em massa, flagelo político e econômico dos anos 30, deixou de existir enquanto ameaça central ao capitalismo.

A segunda responsabilidade — a garantia de pleno emprego — mostrou-se, no entanto, mais problemática do que a primeira, pois um novo desafio surgiu do próprio êxito do estado do bem-estar. O desafio é o efeito da prolongada prosperidade sobre o fortalecimento do poder de barganha do trabalho. Com algumas diferenças de um país para outro, os trabalhadores deixaram de ser um grupo passivo, em grande parte não-sindicalizado, grato por qualquer oferta de trabalho e incapaz de reivindicações militantes com respeito à sua taxa de remuneração, para serem participantes bem organizados, geralmente agressivos, nas negociações salariais. À medida que o mercado de trabalho se enrijecia, todos os países avançados começaram a sentir a forte pressão do aumento de salários sobre o nível de preços. No final da década de 1970, o custo de vida crescia cinco a dez vezes mais rápido do que no começo dos anos 60. Depois de 1973, quando o cartel do petróleo acrescentou o "choque do petróleo" à "elevação dos custos" do mercado de trabalho, metade dos capitalismos ocidentais passou a experimentar uma inflação de dois dígitos.[31] Enquanto isso, a vinculação de muitos pagamentos ao custo de vida, dos salários à previdência social, removeu o freio à inflação constituído pelos pagamentos de rendas contratualmente fixas.

O advento da inflação, seguindo-se à conquista aparentemente efetiva da depressão, promoveu a segunda maré de mudança na política do capitalismo, um deslocamento no sentido de políticas estabilizadoras do sistema, e não mais no sentido de expandir o sistema. As altas taxas de juros, banidas da economia keynesiana por seu efeito depressivo sobre o emprego, tornaram-se um instrumento de política nacional amplamente usado, precisamente porque uma economia estagnada, com todos os seus problemas, desenvolvia uma pressão inflacionária menor do que uma economia em expansão. O clímax foi alcançado em 1984, quando, nos Estados Unidos, as taxas de juros de curto prazo chegaram a inéditos 20%, como resultado de uma incansável, e eventualmente bem-sucedida, campanha do Federal Reserve de controlar a espiral inflacionária do país. Com isso, ocorreu o abandono do pleno-emprego enquanto alvo primário da política econômica nacional. E como a inflação se transformou no principal inimigo econômico, os níveis "aceitáveis" — quer dizer, desejados — de desemprego elevaram-se dos dois a três por cento defendidos pelos governos dos Estados Unidos na década de 1960 aos cinco a seis por cento dos anos 80. Um deslocamento semelhante se deu claramente nas políticas fiscais e monetárias de todos os países capitalistas.

31. John Cornwall, *The Theory of Economic Breakdown*, Cambridge, Mass., Basil Blackwell, 1990, p.40.

VI

Qual foi o impacto básico da teoria econômica keynesiana na política do capitalismo? A pergunta, na verdade, é: até que ponto a política de intervenção governamental teve êxito na manutenção da vitalidade do sistema econômico?

A resposta não é simples. A despeito das comedidas visões do próprio Keynes, sua teoria econômica foi de início vista como uma crítica radical ao capitalismo por suas dúvidas explícitas quanto à capacidade de auto-sustentação do setor privado, caso não recebesse ajuda. Mas pode-se ver esse primeiro keynesianismo sob uma outra ótica, como uma poderosa força estimuladora da estabilidade econômica, e, assim, moderadora da temperatura política do sistema. À medida que o surto econômico do pós-guerra se desdobrou, ficou ainda mais difícil fazer com que uma força de trabalho relativamente satisfeita se interessasse em buscar correções de longo alcance numa ordem social que estava funcionando muito bem. Mesmo nas nações como a Suécia, onde foram introduzidas políticas de substancial distribuição de renda e de bem-estar social, o objetivo das medidas "socialistas" era sempre testar os limites externos do capitalismo liberal, não os cruzar e chegar ao terreno incerto da sociedade pós-capitalista revolucionária. Na segunda fase do mundo do pós-guerra, a onda conservadora ficou ainda mais evidente. À medida que um keynesianismo bem-sucedido deu lugar a uma inflação crônica e endêmica, as políticas governamentais antiinflacionárias atingiram muito mais dolorosamente o trabalho do que o capital. Portanto, a despeito de sua reputação, o efeito da teoria econômica keynesiana, tanto em suas primeiras formas como nas últimas, parece ter sido o fortalecimento dos interesses do capital, não o seu enfraquecimento, e desse modo serviu a um objetivo político conservador, e não radical.

No entanto, eu disse que não achava fácil avaliar o efeito político do keynesianismo. Pois se existe uma convicção que é fundamental ao conservadorismo, é a de que o sistema como um todo funciona melhor quando sofre menos restrições governamentais. E o que vemos, tanto no auge como no declínio do keynesianismo, é precisamente o oposto. No primeiro período, o governo passa a ser visto como o responsável pelo crescimento; no segundo, como o responsável por deter a inflação. Em ambos, a convicção comum — expressa na linguagem da ação, não na retórica da política — era a de que o governo tinha a chave para o futuro econômico, e que um fracasso de sua parte prejudicaria seriamente as perspectivas daquele futuro.

Isso não é conservadorismo antiquado. É a expressão de uma consciência às vezes desconfortável de que a ordem econômica do sistema está integralmente conectada à ordem política, e mais dependente dela do que se pensava. O que vemos são os processos econômicos do sistema serem penetrados pelo reino político, não por ideologia, mas por necessidade, não assumindo a liderança numa reformulação consciente do capitalismo, mas vindo de trás para dar sustentação a seus meios de garantir o próprio futuro.

Em minha opinião, nenhuma questão isolada será mais profundamente determinante do futuro do sistema do que a relação entre seus dois reinos. Não quero com isso dizer que exista alguma mistura "ótima" das esferas pública e privada. Pelo contrário, estou certo de que a configuração vai variar de país para país, dependendo de muitos elementos, sendo que o "caráter nacional" não é o menos importante. Alguns anos atrás, o sociólogo Seymour Martin Lipset comparou dois países, semelhantes em muitos aspectos, inclusive num desafio comum que definiu a aparência de cada um deles. Os dois países eram Canadá e Estados Unidos, e o desafio era colonizar uma vasta área selvagem. Dessa aventura em comum, surgiram como heróis nacionais duas figuras muito diferentes. No Canadá, a Polícia Montada do Noroeste. Nos Estados Unidos, o *cowboy*.[32] Não se pode esperar que duas nações que

32. Seymour Martin Lipset, *The First New Nation: The United States in Historical and Comparative Perspective*, Nova York, Basic Books, p.251.

extraíram significados tão diferentes de experiências históricas semelhantes fossem resolver da mesma maneira o problema dos dois reinos.

Mais de uma vez voltaremos a essa questão vital. No entanto, talvez fosse bom concluir este capítulo lembrando que a própria relação público-privado sofre mudanças. Os Estados Unidos, que hoje em dia têm tanto medo de considerar o setor público como um parceiro ativo na revitalização do capitalismo, no começo do século XIX, voltaram-se com alegria e confiança para o governo como a fonte de recursos para a construção de sua rede de canais, depois para o financiamento maciço dos canais do Erie e, ainda mais maciço, do Canal do Panamá; para a subscrição de seu sistema ferroviário transcontinental, e muito mais tarde, do Sistema Interestadual de Rodovias; para a Tennessee Valley Authority e para o Projeto Manhattan; para o vôo à lua; para seus institutos nacionais de saúde; e muitas outras coisas. Dessa forma, existe mais de uma tradição nacional a que podemos recorrer. Se fôssemos arriscar uma previsão a respeito do futuro do capitalismo americano no século XXI, é a de que seu êxito dependerá da capacidade de perceber o setor público, como disse Adam Smith, em termos de uma fonte indispensável para uma economia privada, e não de uma sangria da mesma.

5

O Sistema de Mercado

I

Hoje em dia falamos do capitalismo como "o sistema de mercado", especialmente quando nos dirigimos a pessoas daquelas partes do mundo onde "capitalismo" ainda é um termo suspeito — mas o eufemismo é inadequado. Pois os mercados são parte do capitalismo, mas não o todo; e a discrepância entre ambos é muito grande. Não tivemos problemas em explicar aos anciões de nosso primeiro capítulo o que são os mercados, porque eles existem em todas as aldeias de seu país. Tivemos muita dificuldade em explicar-lhes como seria a sociedade se os mercados abrangessem todos os aspectos da vida econômica, inclusive a própria definição das tarefas que cada indivíduo deveria realizar, pois tal "sistema" não existe em lugar nenhum do país. E mesmo tal sistema é apenas parte do capitalismo. Como os cidadãos da antiga União Soviética estão descobrindo para sua própria consternação, um sistema de mercado significa o fim das longas filas de pão, uma maldição da vida numa sociedade centralizada, mas também significa a introdução de uma fila que antes não existia — a fila nas agências de emprego, em busca de trabalho.

O capitalismo é, portanto, uma entidade muito maior e mais complexa do que o sistema de mercado que usamos como seu equivalente, e o sistema de mercado é maior e mais complexo do que os inumeráveis encontros individuais entre compradores e vendedores que constituem sua estrutura atômica. O sistema de mercado é o meio principal de ordenar e coordenar o todo, mas os mercados não são a fonte de energia do capitalismo nem de sua característica bifurcação de autoridade. Os mercados são os condutos através dos quais as energias do sistema fluem e o mecanismo pelo qual o reino privado organiza suas tarefas sem a intervenção direta do reino público. Isso sugere que nossa tarefa neste capítulo será separar a parte do todo, aprendendo como funciona esse notável mecanismo, tendo em mente que o objeto real de nossa investigação é o destino da ordem social em cujo interior o mercado exerce suas poderosas forças de integração e desintegração.

Hoje em dia, não se ouve falar muito da Mão Invisível, a maravilhosa metáfora de Adam Smith para o sistema de mercado. O sistema é bastante visível sob a forma de manobras empresariais ou de publicidade espalhafatosa, mas o "mercado" atingiu um grau de admiração e respeito que certamente teria agradado a Smith. Isso é a conseqüência direta do desastre econômico que atingiu a União Soviética. Na velha URSS, quase que os únicos bens cuja oferta equivalia à demanda eram os produtos muito especiais dos ministérios militares. Para os bens comuns, especialmente os de consumo, não era bem assim. Os consumidores russos faziam o *shopping* quando ouviam rumores de que havia camisas no departamento de roupas da loja da Rua Chekov, ou que a padaria estatal da Perspectiva Tolstoi tinha recebido uma remessa de bolo. Muitas vezes descobriam que as camisas não tinham botão e os bolos não tinham gosto. A coisa era mais séria quando a oferta de certas espécies de bens, como equipamentos hospitalares, era tão pequena que as mortes nos hospitais cresciam assustadoramente; ou quando ficava tão difícil conseguir peças sobressalentes, que as fábricas eram obrigadas a produzir as que precisavam; ou quando os bens de exportação eram tão obsoletos tecnologicamente que só podiam ser vendidos a subservientes "parceiros" comerciais. No final, a economia soviética ruiu pela desordem ao nível micro.[33]

À luz da experiência soviética — em grande parte espelhada por todas as nações do Leste europeu, pela China maoísta e por Cuba — não é de surpreender que hoje em dia o mercado goze de uma reputação que se aproxima da idolatria. Há um acordo geral, inclusive entre a maioria dos economistas socialistas, de que qualquer que seja a forma que as sociedades avançadas possam assumir no século XXI, algum tipo de sistema de mercado será seu principal meio de coordenação. Trata-se de uma notável reviravolta em relação à situação de uma geração atrás, quando a maioria dos economistas achava que o futuro da coordenação econômica estava na diminuição do alcance do mercado, e no aumento de alguma forma de planejamento centralizado. Por razões que discutirei agora, acredito que o pêndulo vai voltar, e o planejamento será valorizado, embora nunca no grau que era comum até bem pouco tempo.

Tudo isso, no entanto, leva-nos a considerar problemas que não podemos avaliar completamente enquanto não examinarmos uma questão a que já se aludiu, mas que não foi explicada: como funciona o mercado. É a resposta à descrença inquieta dos anciões da aldeia, de que se pode ter certeza que uma sociedade guiada pelo interesse próprio vai satisfazer suas necessidades — uma descrença expressa mais de uma vez, tenho certeza, por muitos líderes de nações subdesenvolvidas em suas conversas com os funcionários do Fundo Monetário Internacional e do Banco Mundial. Enquanto não conseguirmos dar respostas a tais questões, não poderemos avançar na grande tarefa que temos em mãos.

33. Para uma excelente visão global, ver Nicholai Shmelev e Vladimir Popov, *The Turning Point,* op. cit.

II

Um economista nos dirá que os mercados introduzem a microordem numa sociedade. Por microordem ele quer dizer um equivalente à Mão Invisível, que pega os homens pelo braço e leva-os a alcançar fins sociais que não são parte de sua intenção consciente. A explicação do economista começa, como a de Smith, da suposição de que uma estrutura mental "maximizadora" é um dado da natureza humana. A questão que se coloca de imediato é saber que tipo de mentalidade serviria ao mesmo propósito, numa sociedade que não seja escrava da cobiça. Se faltar essa diretiva interna peremptória, os sistemas de mercado não funcionam. O paradoxo dos mercados não é o fato de que dão ordem a um universo de indivíduos que buscam apenas "aumentar sua fortuna", mas o de que apenas em tal universo eles funcionam. O problema de coordenar uma sociedade que não cultiva uma mentalidade aquisitiva é que lhe falta um campo de força capaz de exercer um efeito previsível no comportamento de seus membros. Isso levanta a difícil questão de saber se existe algum outro campo de força que não seja a cobiça, uma questão que vamos examinar nas páginas finais.

Enquanto isso, não vejo razão para duvidar de que exista cobiça suficiente para impulsionar o sistema de mercado, o que fica evidente pelo apetite aparentemente insaciável com que os indivíduos buscam aumentar seus capitais pessoais. Essa orientação leva agora a três padrões específicos de ação, que em conjunto produzem os resultados que tanto espantaram nosso conselho da aldeia. O primeiro deles é que os indivíduos seguirão qualquer caminho viável que melhor promova seus interesses econômicos. Isso significa que vão procurar os empregos mais bem pagos para os quais estão qualificados, abandonando prontamente o patrão e, eventualmente, se for para ganhar mais, até mesmo trocando uma ocupação ou região por outra. A primeira função de um sistema de mercado é, portanto, alocar trabalho às tarefas que a sociedade deseja ver realizadas. Na verdade, não pode existir sistema de mercado se existirem barreiras que impeçam essa canalização automotivada da força de trabalho, e é por isso que tal sistema não pode existir numa sociedade de escravos, de servos, ou de trabalho centralmente alocado. O mercado, portanto, está ligado à Sociedade da Liberdade Perfeita numa maneira mais do que meramente retórica.

O segundo padrão afeta a mesma canalização de esforços com respeito ao uso que os empregadores fazem de seu capital. Também em busca do interesse próprio, eles aumentarão a produção daqueles bens e serviços para os quais a demanda é maior e, presumivelmente, os lucros mais altos, e reduzirão a produção onde a demanda e os lucros forem relativamente baixos. Dessa forma, assim como acontece com o trabalho, a demanda age como uma espécie de ímã para a oferta, garantindo um casamento entre os dois.

Esses dois primeiros efeitos do sistema de mercado são fáceis de entender. Mas o terceiro padrão exige algum raciocínio. Trata-se do conflito mutuamente destrutivo que afeta as atividades em cada lado do mercado, à medida que cresce a concorrência entre produtores e compradores. No mercado de trabalho, os trabalhadores disputam uns com os outros para conseguir os empregos mais bem pagos. No mercado de produtos, os empregadores disputam por parcelas do poder de compra do público. O efeito, em todos os casos, é levar todos os tipos de preços, inclusive salários e taxas de lucro, ao nível social predominante. Dessa forma, o sistema de mercado transforma-se em seu próprio agente policial contra as extorsões da cobiça e as iniqüidades da exploração. Estranhamente, esse processo de autopoliciamento é também dominado pelo interesse próprio, mesmo quando isso implica reduzir o ganho imediato. O produtor que não baixar um preço que esteja fora do padrão vai ser deixado de lado, em favor de outro; um comprador que não der o preço corrente de mercado não poderá comprar aquilo que seu concorrente compra.

Creio que já ouço os murmúrios em relação a esse retrato idílico do mercado, e prometo que vamos fazer um segundo exame com menos admiração a crítica. Mas a compreensão deve vir antes da crítica. Portanto, deixem-me acrescentar mais algumas palavras de explicação, comparando o funcionamento do sistema de planejamento central e o sistema de mercado.

Vamos supor que exista uma escassez de algum bem em ambas as sociedades, de sapatos, por exemplo. Numa sociedade de comando, a escassez leva às filas, que satisfazem quem está no começo delas e desapontam quem está no fim. Pode também fazer com que o ministério de bens de consumo mande a divisão de calçados aumentar a produção. Eu disse "pode", porque o processo de mudança dos esquemas de produção é cheio de dificuldades num sistema burocrático, onde existe um poderoso incentivo a deixar as coisas como estão — *laissez-faire* não é uma palavra de ordem nas sociedades de planejamento, mas *laissez-passer* às vezes é. Na década de 1930 se deu um debate famoso entre o economista conservador Ludwig von Mises e o economista socialista Oskar Lange quanto às perspectivas de um sistema coerente de planejamento central. Mises declarou que tal sistema era "impossível", porque os planejadores nunca poderiam reunir as informações que um sistema de mercado, de maneira contínua e sem esforço, apresentava, sob a forma de "sinais" de preço que diziam aos participantes do mercado o que fazer. Lange afirmou que precisamente a mesma informação estaria disponível num sistema planejado sob a forma de níveis de estoque, que aumentariam quando a oferta excedesse a demanda e cairiam quando a demanda excedesse a oferta. Quando os estoques crescessem, os planejadores saberiam quais ofertas teriam de ser reduzidas, de modo que reduziriam os preços pagos aos fornecedores e elevariam os preços para os consumidores, desencorajando assim a produção. Quando os estoques caíssem, os planejadores fariam o contrário com os preços — elevariam para os fornecedores, reduziriam para os consumidores. Dessa forma, os níveis de estoques dariam aos planejadores exatamente a mesma informação que obteriam dos sinais de preços num sistema de mercado.[34]

A história provou que Mises estava avassaladoramente correto quanto ao resultado, mas, creio eu, não pela razão certa. O inimigo não era a ausência de informação — as equipes do aparato de planejamento da União Soviética sabiam quando havia escassez ou (mais raramente) excesso de sapatos. O que lhes faltava era o incentivo para fazer qualquer coisa a respeito. O interesse próprio aconselhava a deixar as coisas como estavam, não levava a que alguma coisa fosse feita. Portanto, a inércia burocrática era o inimigo — no final, o inimigo mortal — do sistema de planejamento. Ironicamente, Lange percebeu que era este o ponto crucial: "*O perigo real do socialismo,*" escreveu ele, em itálico, "*é a burocratização da vida econômica.*" Mas se equivocou quando acrescentou, sem itálico: "Infelizmente, não vemos como o mesmo perigo, ou até maior, possa ser evitado no capitalismo monopolista."[35]

Lange deveria ter dito outra coisa: a grande fonte de desordem nas economias de comando é a ausência de uma estrutura na qual o interesse próprio leve a uma ação socialmente útil. Com isso em mente, voltemo-nos agora para a economia de mercado, onde também vamos supor uma escassez de sapatos. Aqui a escassez dá início a uma série de estímulos que faltam num sistema controlado. Telefonemas urgentes das sapatarias fazem com que os fabricantes de sapatos elevem os níveis de produção. Da mesma maneira, o aumento de suas necessidades levará a telefonemas urgentes aos produtores de couro para aumentarem seus fornecimentos; e isso, por sua vez, a outros telefonemas dos produtores de couros para seus compradores nos leilões de gado.

34. Ver Ludwig von Mises, "Economic Calculation in the Socialist Commonwealth", in *Collectivist Economic Planning*, Friedrich von Hayek, org., Londres, Routledge & Sons, 1935, p.105; e Oskar Lange e Fred Taylor, *On the Economic Theory of Socialism*, Nova York, McGraw-Hill, 1938, p.87-9.

35. Lange e Taylor, ibid., p.109-10.

Com essa lufa-lufa, os preços sobem: primeiro nos leilões, depois os dos couros tratados, depois os dos sapatos. À medida que aumenta o fluxo de produção, será necessário mais trabalho, talvez mais maquinaria. Corre a notícia de que a indústria de sapatos está dando emprego e pagando bons salários. Os sapatos voltam aos estoques, só que mais caros. Os consumidores comprarão menos pares por ano do que antes. A expansão da indústria de sapatos se reduz. A escassez de sapatos torna-se coisa do passado. Um novo padrão de produção, salários e preços provoca uma situação estável na indústria de sapatos: acabam os telefonemas. A microordem reina suprema, embora ninguém tenha feito nada além de seguir a seta do interesse próprio a cada passo do caminho.

III

É importante ter em mente como um sistema de mercado funciona na teoria, porque na maior parte do tempo ele também funciona mais ou menos dessa maneira na prática — se assim não fosse, há muito que o capitalismo teria entrado em colapso. Eu disse "na maior parte do tempo", porque os mercados funcionam mesmo quando estamos completamente inconscientes deles — na verdade, funcionam melhor ainda nessas ocasiões. Enquanto os mercados garantem coerência e ordem, não tomamos conhecimento de sua presença, como aconteceria com um sistema de planejamento se também funcionasse satisfatoriamente a maior parte do tempo. Acho que não preciso acrescentar que os mercados nem sempre funcionam desse modo ordeiro e invisível. Pelo contrário, de tempos em tempos funcionam de modo altamente desordenado e espalhafatoso, como, por exemplo, quando quebra a bolsa de valores, ou o mercado de petróleo enlouquece. O que precisamos entender agora é por que os mercados algumas vezes se comportam bem e outras, não.

Talvez a mais antiga razão para os problemas provocados pelo mercado esteja na alteração de suas características nas economias onde as unidades típicas de operação não são mais as empresas pequenas e adaptáveis, mas os empreendimentos em larga escala, tecnologicamente "rígidos". A diferença entre os dois pode ser descrita como a diferença que existe entre um monte de areia e uma estrutura com vigas e traves. Um monte de areia manterá a forma, mesmo sofrendo vários choques, mas uma estrutura armada, embora incomparavelmente maior e mais forte do que um monte de areia, pode desabar se uma única viga, estrategicamente colocada, se romper.

As sociedades capitalistas começam como montes de areia e acabam como estruturas armadas. Trata-se de um resultado direto da acumulação de capital — as manufaturas de alfinetes evoluem ao longo do tempo até se transformarem em estruturas industriais do tamanho de pequenas cidades. Smith via o processo competitivo essencialmente como uma questão de garantir e manter a igualdade de recompensas no interior das ocupações e das indústrias, e entre elas. Pode ser que no tempo das manufaturas de alfinetes isso tenha sido uma percepção acurada, mas foi ficando cada vez menos verdadeira à medida que o século XIX transcorria, e as firmas concorrentes transformaram-se em indústrias têxteis em larga escala, minas de carvão mecanizadas e, depois, empresas verdadeiramente gigantescas, como as estradas de ferro. Essas empresas exigiam estruturas de capital caras, e tais estruturas, por sua vez, impunham grandes custos fixos, como juros, que tinham de ser pagos para que as empresas continuassem solventes. O resultado foi o crescimento da concorrência sangrenta, colocando contra a parede muitas firmas mais fracas, que foram então adquiridas a baixo preço pelas sobreviventes. Mais tarde, quando a concorrência sangrenta se tornou excessivamente custosa, as pressões da concorrência levaram às fusões, através dos cartéis e trustes. Nos Estados Unidos, por exemplo, a maioria das empresas de 1865 eram competitivas, sem que nenhuma delas dominasse qualquer campo isoladamente. Em

1904, uma ou duas firmas gigantes controlavam pelo menos a metade da produção em 78 diferentes indústrias.[36]

Dessa forma, a própria dinâmica da concorrência tornou-se uma força importante na transformação de uma economia atomística numa economia de força e vulnerabilidade estruturadas. Alfred Chandler mostrou como os diferentes capitalismos nacionais trataram a resultante ameaça à estabilidade industrial — alguns deles operando incômodos acordos do tipo "viva e deixe viver", outros recorrendo aos cartéis, com graus variáveis de concordância e de aprovação governamental, tácita ou explícita.[37] Em nossos dias, como vimos, o problema tornou-se ainda mais complexo na medida em que a interconexão da economia global amplia o campo de concorrência para além das barreiras nacionais. As 350 empresas cujas vendas combinadas chegam a um terço do PNB agregado do mundo industrial são vigas gigantes na estrutura do capitalismo mundial e, por isso mesmo, uma nova fonte de instabilidade econômica potencial para as economias nacionais individualmente. Hoje em dia, não existe meio efetivo de proteger a produção no interior de uma nação se a estrutura transnacional começar a balançar. Estamos numa situação de desamparo com respeito à manutenção dos fluxos individuais de produção que sofrem ameaças do exterior — os automóveis são um exemplo — semelhante à dos anos 30 em relação à manutenção dos fluxos ampliados de produção que sofriam ameaças do interior.

As desordens do mercado não surgem apenas da estrutura de produção cada vez mais armada. Elas também podem ter uma base puramente psicológica. Suponhamos que uma escassez no mercado de grãos manda os preços para cima. Normalmen-

36. R. Heilbroner e A. Singer, *The Economic Transformation of America: 1600 to the Present*, San Diego, Harcourt, Brace, Jovanovich, 1984, p.203.

37. Alfred Chandler, *Scale and Scope: The Dynamics of Industrial Capitalism*, Cambridge, Mass., Harvard University Press, 1990.

te, preços mais altos trarão mais grãos para o mercado, talvez através de importações, levando, ao mesmo tempo, a uma redução no consumo de grãos. A microordem será facilmente restaurada. Mas imaginemos que as notícias de uma potencial seca chegue ao mercado de grãos. As expectativas quanto aos preços futuros chegam às alturas. Daí em diante, o interesse próprio não levará mais os fornecedores a venderem os grãos ao preço que, naquela mesma manhã, era muito favorável, mas, pelo contrário, vai levá-los a segurar seus estoques, tendo em vista a expectativa de preços ainda mais altos. Da mesma forma, os compradores não se desanimarão com os preços mais altos de hoje, mas, pelo contrário, tentarão comprar o que precisam, antes que as coisas piorem. O resultado será exatamente o oposto do exemplo dos manuais: a escassez não diminui, aumenta.

Sempre que as expectativas apontarem para uma piora das condições existentes, os resultados do mercado não tenderão ao equilíbrio, antes pelo contrário. Um descompasso inicial entre oferta e demanda vai se transformar em outro pior ainda. Portanto, qualquer coisa que afete adversamente a psicologia de massa pode reverter o efeito do interesse próprio, que deixa de ser gerador de ordem para ser gerador de desordem. Enfrentamos precisamente tais desordens nos anos 30, quando o mercado de grãos chegou ao fundo, os fazendeiros queriam vender e os compradores nada queriam, ficavam por ali, de mão no bolso; e alguma coisa parecida com esse processo acontece nas inflações, quando os vendedores não têm nenhuma pressa em vender e os compradores não querem esperar, jogando assim mais lenha na fogueira inflacionária.

Essa última afirmativa nos leva do contexto de uma microdesordem para os problemas da macrodesordem na economia global, o que merece algumas palavras. Por muitos anos, os economistas acreditaram que os mercados iriam regular o nível global de emprego da maneira tranqüila que acontecia com o nível de produção dos bens individuais. Se o nível de emprego estivesse baixo demais, o mercado resolveria o problema, já que os salários cairiam com a concorrência dos trabalhadores desempregados. À medida que os salários caíssem, os empregadores verificariam ser lucrativo empregar mais. Dessa forma, o mercado curaria o desequilíbrio entre oferta e demanda por trabalho de maneira tão eficaz quanto no caso de uma mercadoria individual. Mais ou menos da mesma forma, imaginava-se que o mercado também faria com que toda poupança se transformasse em investimento, com a taxa de juros desempenhando a mesma função nos mercados de capitais que os níveis de salários no mercado de trabalho.

No entanto, mais uma vez as expectativas podem perturbar esse processo ordenado. Quando Keynes chocou o mundo econômico da década de 1930 ao sugerir que o mecanismo de mercado não levaria necessariamente a economia ao pleno-emprego, elaborou seu argumento mais forte aplicando à determinação do emprego precisamente os efeitos adversos que as expectativas podem produzir na determinação dos níveis de preços. Suponhamos que os empregadores vejam os salários caindo em toda a economia e pensem sobre que efeitos isso terá sobre a demanda por seus próprios produtos. Será que vão empregar mais trabalho, com um futuro tão pouco promissor? Correrão o risco de colocar seus fundos em projetos de investimento de capital, por mais baixos que estejam os custos dos empréstimos? A economia vai continuar buscando o equilíbrio entre oferta e demanda de trabalho e de financiamentos, mas o ponto de equilíbrio não será o mesmo das expectativas otimistas.

Portanto, uma mudança nas expectativas muda o resultado do comportamento maximizador. O que tem conseqüências inesperadas para os que vêem o mecanismo de mercado como garantia de uma base inabalável para as operações capitalistas. Os críticos do mercado há muito mostraram que uma sociedade que tem suas atividades econômicas reguladas pelo mercado será uma serva atenta dos ricos, mas para os pobres será uma espectadora surda. Como resultado, a microordem que o mercado produz será sempre moralmente vulnerável. Agora podemos também ver que existe um problema com respeito à macroordem decorrente das considerações do mercado. Aqui, o que falta não é moralidade — sob certos tipos de expectativas, o mercado pode criar mais demanda por trabalho do que os trabalhadores desejam fornecer. Mas existe uma vulnerabilidade de outro tipo. No caso que acabamos de mencionar, o mercado produz uma inflação de custos, assim como, sob as influências das expectativas de que Keynes falava, produz desemprego. Nenhuma das condições será adequada a um crescimento forte e garantido. Na verdade, ambas farão surgir as dificuldades de que falamos no último capítulo, em que o funcionamento do reino privado gera problemas que provocam o clamor por remédios públicos.

IV

Isso nos leva ao que talvez seja a mais difundida e desconcertante de todas as influências que o sistema de mercado produz sobre o capitalismo. Trata-se dos efeitos que o mercado provoca todo o tempo, esteja ele funcionando silenciosamente e bem, ou ruidosamente e mal, efeitos de que às vezes temos uma aguda consciência, porém, com mais freqüência, de que somos bem igonorantes.

Em geral, essas mudanças que o mercado provoca em nosso nível de bem-estar são chamadas de "externalidades". Exemplo: as altas contas de lavanderia e de serviços de saúde dos residentes de Pittsburgh antes que a poluição das usinas siderúrgicas fosse controlada. Esses custos são "externos", na medida em que, diferentemente dos custos "internos" de trabalho e de matéria-prima, pagos pelas siderúrgicas, os custos da poluição são impingidos a indivíduos externos ao processo de produção. Dessa forma, os produtores de aço não têm incentivo para reduzir a poluição, já que não pagam as contas de lavanderia ou de serviços de saúde por ela provocados.

Como resultado, o mecanismo de mercado não serve adequadamente a um dos propósitos a que se propõe — ou seja, apresentar à sociedade uma avaliação acurada dos custos relativos de produzir coisas. Suponhamos, por exemplo, que existam duas maneiras de produzir aço, uma delas muito limpa, mas cara, e a outra, suja, mas barata. A concorrência levará os produtores a escolher a maneira mais barata, e um observador sem sofisticação dirá que o mercado, assim, ajudou a sociedade a aumentar a eficiência de suas operações. No entanto, se as contas de lavanderia e de serviços de saúde fossem acrescentadas ao custo de produção, pode ser que o processo mais limpo fosse o mais barato. Se assim fosse, as externalidades teriam impulsionado a sociedade na direção errada, para a escolha menos eficiente, e não a mais eficiente.

Eu disse, há pouco, que talvez essas fossem as mais difundidas e as mais desconcertantes influências impostas pelo sistema de mercado, e um momento de reflexão mostrará o porquê. Não existe, virtualmente, nenhum ato de produção que não tenha efeitos externos, algumas vezes bons, outras, maus. Um indivíduo constrói uma casa horrenda e faz cair o valor das propriedades da rua. Uma empresa aperfeiçoa um novo produto e abre novos horizontes para aqueles que o utilizam — o crescimento transformador é, em grande parte, uma questão de externalidades favoráveis. Uma nação passa por um forte crescimento econômico e com isso acelera o aquecimento global.

Levar em conta todos os custos e benefícios externos da produção seria impossível. No entanto, não o fazer pode significar uma distorção séria de nossa avaliação dos custos e benefícios da produção. O desmatamento excessivo, a pesca excessiva, o consumo excessivo de gasolina são exemplos de insucessos em incluir nos preços todos os custos de produção de vários bens. Adam Smith também estava preocupado com uma externalidade, quando deplorava os efeitos da sujeição dos trabalhadores a rotinas embrutecedoras, e teria ficado ainda mais preocupado se tivesse levado em conta o custo social de tal externalidade. Dessa forma, as externalidades solapam uma muito gabada função do mercado: orientar os recursos para seus usos mais racionais. Talvez o que elas revelem é que o critério de racionalidade não é a maximização do bem público, mas do lucro privado; e que esses dois não são, de maneira alguma, sempre iguais, ou mesmo parecidos, já que o mercado não consegue captar e incluir esses "efeitos colaterais" da produção que escapam a seu foco, centrado demais.

Resta ainda um impacto do mercado que não discutimos — uma externalidade que afeta o nosso bem-estar moral, não o físico. Trata-se de seu efeito sobre a cultura. É comum lamentar o efeito da mentalidade de mercado na promoção de uma ética do egoísmo, o que, sem dúvida, é verdade. Mas existem efeitos menos óbvios e, portanto, talvez mais insidiosos. O sociólogo Michael Schudson comparou nossa exposição a rostos sorridentes gabando os prazeres de automóveis e de xampus à dos cidadãos da antiga União Soviética, entusiasmando-se com a produção de tratores e de carvão.[38] A diferença, claro, é que a propaganda soviética era produto de uma tentativa coordenada e deliberada de instilar uma espécie de patriotismo cultural, enquanto a publicidade capitalista é apenas o produto de um esforço não-coordenado e caótico de vender bens e serviços. Apesar disso, o efeito é muito semelhante. Como a voz pública do setor privado, a publicidade é a propaganda do sistema de mercado, assim como a propaganda é a publicidade do sistema centralizado.

A afirmativa de Schudson nos ajuda a perceber melhor como é molhada a água em que nadamos. Igualmente, talvez ainda mais importantes sejam os aspectos desse impacto cultural de que temos muito menos consciência. Um deles é a tendência a pensar a "produção" apenas em termos de bens vendáveis, tornando assim invisíveis bens públicos como educação, ou saúde pública, de cuja contribuição ao nosso bem-estar não somos constantemente lembrados. Mesmo os economistas, que deveriam saber disso, muitas vezes aplicam

38. Michael Schudson, *Advertising: The Uneasy Persuasion*, Nova York, Basic Books, 1984, Cap. 4.

esse padrão duplo aos fluxos da produção nacional. Nas contas oficiais em que a economia nacional é medida, descobrimos que as atividades privadas são divididas em duas categorias, "consumo" e "investimento", das quais a segunda constantemente é louvada como o *locus* do crescimento econômico. No entanto, nas mesmas contas oficiais, não há separação dos "dispêndios governamentais" entre as categorias de consumo público e investimento público. Ao invés disso, todos os gastos do governo são tratados como se fossem consumo, e a construção de uma represa ou de um centro de pesquisas é vista exatamente da mesma maneira, em termos de seu efeito sobre o crescimento, como o pagamento dos salários dos deputados ou os juros da dívida pública. Por outro lado, a construção de cassinos em Atlantic City ou Reno é considerada como um estímulo à produtividade, já que a atividade de construção no setor privado é classificada como "investimento", não importando o que se construa.

Essa percepção equivocada reflete uma visão do processo econômico orientada para o mercado, onde qualquer atividade lucrativa é também considerada como promotora de crescimento, e onde toda atividade não-lucrativa é tida como despesa ou esforço essencialmente improdutivos, embora, talvez, necessários. O resultado é um cálculo profundamente distorcido do desempenho nacional ou das sugestões para sua melhoria. O vocabulário com que avaliamos o desempenho da economia já está carregado com as prerrogativas da própria ordem social a que tal avaliação supostamente objetiva é aplicada. Assim, Smith antecipou-se a Marx quando mostrou que a "eficiência" nos deixa cegos quanto a seu custo na degradação do trabalhador, e E.F. Schumacher levou a questão ainda mais adiante, quando observou que, na economia "budista", o trabalho não seria considerado como "insumo" ao processo de produção, mas como seu "produto".[39]

39. E.F. Schumacher, "Buddhist Economics", in *Small is Beautiful*, Londres, Bland & Briggs, 1973. [ed. bras.: *O negócio é ser pequeno*, RJ, ed. Guanabara, 4ª ed., 1983.]

V

Para alguns, mas não para todos esses problemas relacionados ao mercado, existem remédios. A regulação é um deles — o governo proíbe pesticidas lucrativos de produzir, mas nocivos quando utilizados. Também se podem usar impostos e subsídios para reduzir os efeitos externos negativos, mudando, assim, a direção em que aponta a seta da vantagem econômica. Em alguns casos, essas medidas podem ser extremamente efetivas, como na dramática limpeza do ar de Pittsburgh; em outros, muito menos, como no caso do controle da poluição provocada pelos automóveis. Da mesma maneira, existem variações de nação para nação quando se trata dos efeitos da cultura de mercado. A Suécia tem se oposto atentamente aos efeitos colaterais da comercialização irrestrita sobre os valores morais; o Japão lhe é indiferente; os norte-americanos acham um pouco de graça, mas têm um pouco de medo.

Portanto, não há uma maneira única ou simples de descrever quais externalidades podem ser controladas, quais não podem. Considerações acerca de tecnologia, da situação política das indústrias afetadas e de sensibilidade nacional são fatores que desempenham cada um seu papel na determinação do grau em que somos vítimas da dinâmica do mercado, bem como beneficiários dela. Desse ponto de vista, as externalidades transformam-se num bastião no qual se trava a guerra de fronteiras entre os reinos privado e público. Na medida em que a produção é, em grande parte, embora não inteiramente, realizada no primeiro reino, é aí que as externalidades tendem a se originar; e na medida em que seus custos se apresentam como custos impostos sobre os cidadãos, sua correção torna-se causa de ação para estes. Aqui, a grande questão parece ser definir quando o controle sobre uma externalidade negativa se revela desintegrador do processo econômico subjacente. É muito mais fácil imaginar um controle rigoroso sobre as emissões dos automóveis do que um remédio para a preocupação de Smith quanto aos efeitos morais da divisão do trabalho.

A questão para o futuro, então, passa a ser nossa avaliação do grau em que os processos de mercado irão ameaçar o crescimento e a estabilidade econômica, e da possibilidade de que as correções dos fracassos do mercado estejam ao alcance das capacidades políticas de uma ordem social cuja vitalidade está na acumulação de capital. Pouco ou nada se pode arriscar — como já concluímos várias vezes antes — quanto aos desenvolvimentos tecnológicos que possam afetar crucialmente as externalidades para melhor ou para pior, ou quanto à força política dos que causam, ou sofrem, as externalidades do mercado, ou com respeito ao nível de preocupação social quanto aos erros do mercado. De qualquer forma, parece certo que duas tendências vão somar suas pressões ao problema global de tratar da dinâmica do mercado. Uma delas, que também já mencionamos mais de uma vez, é a crescente tensão entre os imperativos da integração econômica global e os contra-imperativos de sua compartimentalização política. Embora o resultado desse conflito continue incerto, seu próprio aparecimento eleva para um novo grau de importância as contradições entre a dinâmica do sistema de mercado e as conseqüências que acarreta.

A segunda tendência refere-se à questão do aquecimento global. A grande maioria das nações de hoje busca o crescimento econômico, seja por lucro, poder, ou bem-estar social. O crescimento econômico está atrelado, em grande parte, à industrialização, especialmente nas partes menos desenvolvidas do globo, onde vivem cinco sextos da população mundial aproveitando-se de um sexto de sua riqueza. A industrialização, por sua vez, resulta na emissão de dióxido de carbono a partir dos óleos combustíveis, com a elevação dos gases para a atmosfera, onde se tornam parte de uma vidraça invisível que prende o calor solar em seu interior. Sem essa vidraça, a população humana morreria de frio; mas dentro da própria estufa, o acréscimo de cada vez mais dióxido de carbono lentamente eleva a temperatura ambiente da atmosfera.

Ao resumir as evidências, Paul Kennedy escreve:

> O consenso científico é de que as temperaturas globais médias estão entre 0,3° e 0,7° mais quentes do que um século atrás. Trata-se de uma elevação modesta, mas a verdadeira preocupação é o ritmo crescente de aumento da temperatura no *próximo século*, especialmente à medida que cresçam a população mundial e a atividade industrial. Estima-se que o dobro dos níveis de CO_2 produzirão aumentos médios de temperatura entre 1,5° e 4,5° em meados do século XXI. A diferença entre a cifra "baixa" e a "alta" é considerável, mas mesmo concedendo-se uma cifra entre 2,5° e 3,0°, a maior parte dos cientistas de campo afirma que as conseqüências são sérias, [inclusive] (...) elevações no nível do mar, exaustão agrícola, redução das correntes do rios, mais ameaças à saúde (cânceres de pele, *smogs* urbanos), tempo mais turbulento, tensões sociais. (...) Tudo leva a crer que tanto as nações desenvolvidas como as subdesenvolvidas têm boas razões para se preocupar com o aquecimento global.[40]

Kennedy chama a atenção para os distúrbios políticos decorrentes das tensões impostas pelas mudanças climáticas. De nossa perspectiva, o desafio refere-se à viabilidade da ordem capitalista. O efeito-estufa coloca barreiras óbvias ao processo de acumulação, de que depende a força vital do sistema. Talvez de maneira ainda mais direta, questiona a adequação do mercado enquanto mecanismo coordenador da ordem social. Mudanças nas condições climáticas colocam externalidades de ordem gigantesca. O calor gerado pelos processos industriais não permanece nas fronteiras do país gerador, mas espalha seus efeitos por todos os lugares. Qual será então a atitude das nações ricas com respeito à industrialização das mais pobres? Qual será a atitude das nações mais pobres com respeito aos países ricos, cuja produção industrial, mesmo se estabilizada, continuaria a ser responsável pela grande maioria de todas as emissões de carbono? O mecanismo de solução terá de ser político, talvez militar — onde,

40. Paul Kennedy, *Preparing for the Twenty-First Century,* Nova York, Random House, 1993, p.105,111. Ver também p.43-4 para a citação acima sobre a distribuição da população e da riqueza mundiais.

devemos nos lembrar, nem todos os trunfos estão na mão do Ocidente. Essa perspectiva acrescenta mais uma razão, talvez a mais poderosa, para antecipar que o mecanismo de mercado no século XXI certamente será suplementado, e em algumas áreas suplantado, por um planejamento de algum tipo, não apenas no interior das nações capitalistas, mas em seu conjunto. Ou, talvez, já que até hoje não se encontrou nenhum meio de impor uma ordem econômica transnacional, devamos refazer a conclusão e dizer que a perspectiva acrescenta mais uma razão, talvez a mais poderosa, para antecipar que o mecanismo de mercado no século XXI será suplementado, e, em algumas áreas, suplantado, por um planejamento de algum tipo, e, mais uma vez, seremos punidos por não aprendermos as lições da história.

6

Cenários para o Futuro

I

Eu disse no início que não cometeria a tolice de arriscar uma grande previsão acerca do futuro. Isso não quer dizer que eu tenha me condenado ao silêncio no que diz respeito ao futuro da sociedade em que nossos filhos e os filhos de nossos filhos irão viver. Embora não se possa falar do capitalismo do século XXI com a clareza e a certeza científicas que implica a palavra *previsão*, podemos, no entanto, pensá-lo em termos dos cenários nos quais os grandes economistas projetaram a trajetória a longo prazo do sistema.

Cenário é um termo dramático. Significa que o futuro tem um caráter de desenvolvimento, e não um caráter casual — que não acontece por causas não-sabidas ou imprevisíveis, mas como desdobramento de tendências já presentes na estrutura e nas motivações da sociedade. Portanto, apesar de todos os seus aspectos dramáticos, os cenários têm as propriedades dos exercícios de análise lógica — na verdade, suas características muitas vezes trágicas derivam precisamente desse sentido de força impessoal subjacente e motivadora do curso dos acontecimentos. Os cenários, assim, projetam uma imagem poderosa, a de que o futuro econômico depende primariamente do "funcionamento" do sistema, e não da afirmação de tradições antigas ou do comando político. Desse ponto de vista, o fato de as previsões não serem dignas de confiança torna-se menos importante do que, em primeiro lugar, existir a possibilidade desse modo de investigação. A economia não nos permitirá prever o destino do capitalismo do século XXI, mas nenhuma avaliação desse destino pode ignorar as forças econômicas que serão os instrumentos que permitirão sua própria existência.

Cenários são um termo dramático também por outra razão. É que eles combinam poderosas estruturas analíticas com "visões" altamente pessoais no que diz respeito aos motivos e às capacidades dos atores nessas estruturas.[41] O aspecto visionário decorre de um crescente reconhecimento de que, por mais objetiva e lógica que possa ser a análise, ela parte, como já vimos, de "fatos" e observações descritivas já embebidas de julgamentos de valor. Palavras aparentemente neutras, como *trabalho, capital* e *governo,* têm para todos nós conotações morais e políticas das quais nem sempre estamos conscientes, mas que, apesar disso, desempenham um papel em nossas análises presumivelmente neutras. Os cenários, assim, tornam-se veículos para a expressão de orientações morais e políticas, bem como exercícios para a exploração de processos impessoais. Isso é, ao mesmo tempo, uma deplorável fraqueza e uma pobreza inescapável da pesquisa social. A presença de valores dota o exercício da análise de um significado histórico que, de outra maneira, não teria. Serve, portanto, a um propósito existencial — dar resposta a uma pergunta que, sem isso, jamais seria respondida: *Qual o significado de nosso compromisso histórico?* Podemos aceitar muitas respostas a essa antiga pergunta, inclusive respostas trágicas, mas só uma resposta seria insuportável. O silêncio. Os cenários preenchem esse vazio com respeito ao futuro.

De que maneira os cenários do passado contribuem para nossas construções do futuro? Um aspecto surge imediatamente aos

41. Ver meu "Analysis and Vision in the History of Modern Economic Thought", *Journal of Economic Literature*, set. 1990, p.1.097-1.114.

olhos. Quase todos são pessimistas com respeito ao futuro de longo prazo do capitalismo. Como veremos, são pessimistas por razões muito diferentes, mas sua conclusão comum sugere que há o que se aprender no exame de suas descobertas.

Sugiro começar com um cenário que já nos é bastante familiar. Trata-se das expectativas de Adam Smith com respeito à Sociedade da Liberdade Perfeita. Como vimos, Smith imaginava que tal sociedade traria um aumento geral no bem-estar para todos, mas também antecipava que após algum tempo ela iria acumular "todo o complemento de riquezas" a que teria direito em virtude de seus recursos e localização geográfica. Nesse ponto, a acumulação se interromperia, e com ela, o crescimento. Portanto, o longo gradiente ascendente se infletiria para baixo, enquanto uma população cada vez maior dividiria entre si uma produção que tinha deixado de crescer.

Sem dúvida alguma, a expectativa de Smith se situava num futuro tão indefinido quanto a nossa própria colocação a respeito do advento de uma séria barreira ecológica ao crescimento. Apesar de toda essa qualificação, sua análise das perspectivas de crescimento é, em última instância, pessimista. A isso ele acrescenta um elemento "visionário" — a aparente passividade com que a classe trabalhadora aceita o declínio em sua fortuna material. Não há a menor sugestão de uma resistência da classe operária, muito menos de uma revolta, na *Riqueza das Nações*, embora a análise de Smith profetize para a classe operária um declínio nos padrões de vida que chega à mera subsistência. Talvez seja conseqüência da deterioração moral que Smith também espera da divisão do trabalho. Talvez seja sua maneira de expressar a atitude muito comum de desesperança com que os *philosophes* do Iluminismo encaravam as ordens mais baixas. De qualquer forma, no cenário de Smith, a classe trabalhadora estava destinada a sofrer uma imediata decadência social, bem como um declínio econômico de longo prazo. Não estou exagerando: "todas as partes mais nobres do caráter humano podem ser, em grande medida, obliteradas e extintas no grande corpo do povo."[42] Contrariamente à sua reputação popular como a figura tutelar do capitalismo, Smith é, de todos os economistas, provavelmente o menos eufórico quanto a seu destino de longo prazo.

Marx, em contraste, é otimista — não quanto ao capitalismo, claro, mas quanto à ordem social a que ele dará nascimento. Surpreendentemente, o elemento analítico de seu cenário se parece, em vários aspectos, com o de Smith. Como a de seu grande predecessor, a análise de Marx apresenta as conseqüências da vontade de aquisição num ambiente competitivo. Sua conclusão difere da de Smith porque Marx substitui a manufatura pela máquino-fatura, muito maior, com o resultado de que o processo de expansão passa a ser turbulento e desintegrador, e não mais tranqüilo e regulador, e os mestres de ofício, que viviam e deixavam viver, são forçados a se transformar em capitalistas mutuamente destrutivos. Portanto, a trajetória ascendente de Marx, diferente da de Smith, é continuamente interrompida por períodos de crise e de reestruturação — é a dinâmica de uma economia estruturada, e não a de um monte de areia.

No entanto, essa dramática diferença, que decorre de percepções contrastantes quanto à tecnologia, não é, em si mesma, suficiente para dar conta do contraste entre o cenário marxista e o de Smith. O que, em última análise, é decisivo a esse respeito é a profecia de Marx de que a classe operária seria o agente de sua própria liberação futura. A classe trabalhadora obnubilada de Smith é substituída pelo proletariado de Marx, que pouco a pouco desperta. Assim, o cenário marxista apresenta um aspecto diferente do de Smith — não se trata das históricas ascensões e quedas das sociedades, remanescentes das visões que se tinha no século XVIII das glórias transitórias da Grécia e de Roma, mas um processo direcional em que o capitalismo desaparece antes do advento de seu sucessor, o socialismo.

42. Smith, *The Wealth of Nations*, op. cit., p.736.

Dois outros grandes cenaristas também esperavam um futuro conturbado para o capitalismo, mais uma vez por razões diferentes e com diferentes resultados. John Maynard Keynes é tido, hoje em dia, como o profeta do declínio capitalista, mas isso não faz justiça à complexidade de seu cenário. Se, enquanto analista, era um pessimista, enquanto visionário era um otimista. Era pessimista porque sua análise do funcionamento do mercado levava à desconcertante conclusão de que uma sociedade orientada pelo mercado poderia se manter numa situação de desemprego duradouro. Muito parecido com o de Smith, incidentalmente, esse pessimismo refletia uma visão estática das possibilidades tecnológicas. É de se duvidar que a *Teoria geral* tivesse o mesmo tom desencorajado caso fosse escrita na era de mudança transformadora do pós-guerra, que Keynes não chegou a ver.

No entanto, a análise pessimista de Keynes era compensada por uma afirmação inesperadamente entusiasta das possibilidades políticas do capitalismo. Sua visão não tendia nem para a avaliação negativa que Smith tinha da classe trabalhadora, nem para a apreciação eufórica que Marx fazia de seu potencial revolucionário. Dessa forma conseguia ver com equanimidade não apenas a socialização "um tanto abrangente" do investimento como o meio mais factível de se aproximar do pleno emprego, mas também "a eutanásia do *rentier*",[43] o que significa a perda efetiva de poder da classe monetizada. Apesar disso tudo, Keynes fazia pouco da idéia do socialismo, pela qual sentia, no máximo, uma espécie de ceticismo tolerante. Sua visão, portanto, era a de um governo estável e adaptativo, capaz de consertar as falhas de uma economia que muitas vezes funciona mal, uma posição, segundo ele, "moderadamente conservadora", muito embora dificilmente essa seja a maneira pela qual muitos conservadores a descreveriam.

O conjunto dos grandes cenaristas não estaria completo sem a inclusão de Joseph Schumpeter. Ele tem, ao mesmo tempo,

43. John Maynard Keynes, *General Theory*, op. cit., p.376, 377, 378.

uma análise otimista e uma visão pessimista. "O capitalismo conseguirá sobreviver?" pergunta ele em seu magistral *Capitalismo, socialismo e democracia*, publicado em 1942. Sua resposta é clara: "Não. Não acho que conseguirá."[44] A razão, no entanto, não é a de Smith, Marx ou Keynes. Schumpeter introduz no processo de acumulação um elemento novo e muito mais dinâmico: a violenta destruição de velhos capitais pela concorrência, prevista por Marx, é substituída pela "brisa perene da destruição criadora" à medida que os empresários criam e exploram campos antes inexistentes. Partindo de tais suposições, Schumpeter zomba da idéia de que a fronteira de investimento possa algum dia ser ocupada. As possibilidades tecnológicas, escreve ele, são um "oceano não-mapeado"; o avião será para o futuro o que a conquista da Índia foi para o passado. Na verdade, conclui ele: "Não existe nenhuma razão *puramente econômica* pela qual o capitalismo não deva passar por outra fase de sucesso", pelo menos no curto prazo — o que significa, ele já nos informou, um século.[45]

Por que, então, Schumpeter acredita no fim do capitalismo? Porque acha que os pontos de vista não-sentimentais, prosaicos, produzidos pelo capitalismo corroem os valores de que se alimenta a ordem social. "O capitalismo", escreve ele, "cria uma estrutura mental racional que, após destruir a autoridade moral de tantas instituições, no final se volta contra si mesma: o burguês descobre, para seu próprio espanto, que a atitude racionalista não se detém na contestação às credenciais dos reis e dos papas, mas vai adiante e ataca a propriedade privada e todo o esquema de valores burgueses."[46] O final acontece quando os empresários, que incorporavam o *élan* do sistema, se estabelecem numa existência segura de gerentes socialistas.

44. Joseph A. Schumpeter, *Capitalism, Socialism and Democracy*, Nova York, Harper & Bros., 1942, p.163.

45. Idem, p.84, 118, e 163, n.7.

46. Ibid., p.143.

Mais uma vez, é a profecia e não a análise que monta o palco para essa impressionante "previsão". Para Schumpeter, os empresários são membros dos grupos de elite que chegam ao topo em todas as sociedades: os governos socialistas certamente irão usar suas "qualidades excepcionais". Por outro lado, os trabalhadores, e, em geral, as camadas médias e baixas, geralmente são criaturas de hábitos e rotinas, que sequer notarão a diferença na transição do capitalismo para o socialismo — uma "semelhança de família" fará com que este se pareça com o capitalismo. Será que esse socialismo burguês, empresarial, presumivelmente democrático, funcionará? Schumpeter não tem nenhuma hesitação: "Claro que sim." Ele é tão apodíctico ao declarar que o socialismo funcionará, como ao afirmar, anteriormente, que o capitalismo fracassará. Na verdade, vai adiante, e afirma que a moral do socialismo será mais alta do que a do capitalismo, e que as dúvidas quanto ao planejamento chegarão a ser tidas como tão equivocadas quanto as expressas por Smith quanto ao futuro das sociedades anônimas.[47]

II

De que adiantam tais exposições mutuamente inconsistentes, muitas vezes não confirmadas pela história, para pensar as perspectivas futuras? Uma resposta possível apresenta-se de imediato: nenhum de nossos filósofos, nem mesmo Smith ou Schumpeter, que certamente são defensores da ordem capitalista, projeta um longo prazo de sucesso para o capitalismo.

Alfred Marshall, o grande economista vitoriano, termina seu emocionado e clemente estudo com a esperança de que o "cavalheirismo econômico" saia vitorioso, mas adverte contra "a apressada adoção [de métodos] (...) que (...) embora façam

47. Ibid., p.196, 198, 203, 204, 211.

algum bem imediato, lançam as sementes de uma decadência generalizada e duradoura". Friedrich Hayek, que acredita que o capitalismo é necessário para evitar a mortalidade e a miséria em massa, volta-se, apesar disso, contra a "presunção fatal" de que a humanidade pode modelar seu investimento social da maneira que quiser.[48] Mas por que os habitantes do texto de Marshall terão qualquer tentação para escolher soluções insensatas, ou por que os povoadores das sóbrias páginas de Hayek irão flertar com o desastre, se o capitalismo, na verdade, é a única esperança da civilização? Tais perguntas ficam no ar, sem serem respondidas.

Por que não encontramos nenhuma grande figura na história do pensamento econômico que projete um futuro otimista? Creio que podemos apresentar uma razão óbvia e uma suposição para tal espírito apreensivo. A resposta óbvia deriva da análise do problema. Está na simples dificuldade de manter com sucesso a macro e a microordem capitalistas em face à gama de problemas autogerados que permeiam os três aspectos constitutivos do sistema. Muitos economistas se fixam nos problemas de manter o ritmo de acumulação de capital — Smith, Marx e Keynes são exemplos do sentimento generalizado de iminente saturação de demanda e de queda do poder de compra. Atritos entre os setores público e privado são outro foco de apreensão, tome ela a forma de dúvidas quanto à possibilidade de o governo intervir para resgatar o capitalismo de seus males, por não poder vencer interesses de classe concebidos de maneira estreita, ou de dúvidas bem diferentes, quanto à possibilidade do vigor capitalista de resistir à expansão permanente do governo enquanto regulador potencial do sistema: Marx representa a primeira visão; muitos economistas conservadores, a segunda. Não é de surpreender que as disfunções do mercado representem um terceiro centro de análise

48. Alfred Marshall, ***Principles of Economics***, Londres, Macmillan, 1936, p. 721-22; Friedrich Hayek, *The Fatal Conceit*, Chicago, University of Chicago Press, 1988, p.27.

pessimista. Já vimos o prejuízo que pode advir das externalidades, das expectativas auto-agravantes e de outros fracassos do mercado. Repito, mais uma vez, que a ameaça de um desastre ecológico está enraizada na incapacidade do mecanismo de mercado de resolver o problema global da poluição.

Mas isso não esgota as razões específicas para o pessimismo econômico. Pode-se pensar em cenários em que a fonte de dificuldade esteja localizada nas perspectivas dos investimentos e da tecnologia; na distribuição desigual de renda; na volatilidade do crédito; na tendência à monopolização; no deslocamento tecnológico do trabalho; nas tendências inflacionárias de uma economia bem-sucedida e nas tendências recessivas de uma economia malsucedida. O que é impossível de encontrar são cenários em que o crescimento contínuo e a sobrevivência adaptativa sejam dominantes. Ao final, o capitalismo é único na história por suas mudanças continuamente autogeradas, mas esse mesmo dinamismo é o principal inimigo do sistema. O tema que se repete como um *basso ostinato* por toda a imensa preponderância dos cenários é de que o sistema, mais cedo ou mais tarde, faz surgir problemas inadministráveis, e terá de dar lugar a um sucessor.

Voltarei a essa descoberta central, mas devo, agora, apresentar uma explicação mais controversa para essa apreensão. Ela está enraizada no que acredito ser uma sensação generalizada de inquietação com respeito à base moral do capitalismo. Mais uma vez, Adam Smith surpreende-nos por haver reconhecido o problema subjacente. Ele aqui escreve sobre a determinação dos salários do trabalho:

> Os salários comuns do trabalho dependem, em todos os lugares, do contrato normalmente feito entre duas partes, cujos interesses de maneira alguma são os mesmos. Os trabalhadores querem ganhar o máximo e o patrão quer pagar o mínimo. (...) Não é difícil, no entanto, prever quais das duas partes deverá, em todas as ocasiões comuns, ter vantagem na disputa. (...) Em todas as disputas como essas, os patrões conseguem resistir muito mais. Muitos trabalhadores não conseguem subsistir uma semana,

poucos podem resistir um mês, e dificilmente algum resiste a um ano sem emprego. No longo prazo o trabalhador pode ser tão necessário para seu patrão como o patrão para ele, mas a necessidade não é tão imediata.[49]

Isso, não é preciso dizer, antes do advento dos seguros-desemprego, dos sindicatos industriais, e do estado do bem-estar, que modificaram consideravelmente a desigualdade entre trabalho e capital nas nações industriais avançadas. No entanto, Smith pôs o dedo na ferida. Numa sociedade de mercado, onde empregadores e trabalhadores tivessem plena igualdade de poder de barganha, não poderia haver nenhuma sistemática que favorecesse um lado com relação a outro. Em tal sociedade é difícil perceber por que alguns concordariam em trabalhar para outros, já que uma igualdade de poder de barganha pressupõe que todos começariam com quantidades iguais de recursos. Mas, mesmo supondo-se que alguns decidissem livremente se transformar em trabalhadores, por que deveria restar a seus empregadores algum excedente de rendimentos — lucros — em relação aos salários? Por que os empregadores, também, não receberiam salários, talvez um pouco maiores do que os das pessoas que trabalhavam com — certamente não seria "para" — eles, ou por que os lucros, caso existissem, não seriam divididos proporcionalmente entre todos?

É Marx quem coloca essa questão no centro de sua investigação sobre o capitalismo. Não vou refazer sua explicação sobre a maneira pela qual a disputa empregador/trabalhador é resolvida de tal modo que todos os lucros vão para o empregador. Para nossos propósitos, a demonstração de Marx é interessante porque explica como se faz com que essa relação evidentemente desigual seja apresentada como sendo de todo compatível com a idéia de um sistema que evita a coerção.

49. Smith, *Wealth*, op. cit., vol. I, Cap. 8. Resumi consideravelmente o original.

Numa aplicação crucial das percepções distorcidas impostas por um sistema de mercado, Marx explica como a exploração do trabalho torna-se invisível porque suas regras de "livre contrato" ocultam a distinção de Smith entre os que podem esperar e os que não podem.

Marx não é um economista cujos escritos normalmente estão nas listas de leitura dos estudantes de economia, exceto o *Manifesto*, que, o mais das vezes, é lido chamando-se a atenção para seu fatal excesso de otimismo. Mas a questão que ele levanta acertou em cheio os economistas. Páginas sem fim foram dedicadas a demonstrar que os trabalhadores não seriam explorados num mercado "perfeito", onde todos os fatores de produção seriam pagos ao pleno valor de suas respectivas contribuições à produção. A resposta, em todos os casos, é que os lucros são apenas o nome dos rendimentos pagos ao capital — ou seja, a remuneração pela contribuição que o capital faz à produção, exatamente análoga ao pagamento chamado de salário, feito a uma contribuição similar do trabalho. O que é deixado de lado é a natureza desse retorno ao capital — vamos imaginá-lo como sendo pás e picaretas — manejado pelo trabalho. Como as pás e picaretas não têm contas bancárias, seria de se esperar que seus pagamentos fossem feitos aos fatores de produção que as produziram. Mas não, os ganhos de capital não são pagos a quem os usa, ou a quem os faz, mas a quem os possui.

Isso coloca um sério problema para os que desejam justificar a base moral da distribuição de renda no capitalismo. Pode-se afirmar que as desigualdades inerentes na propriedade privada dos meios de produção possam ser moralmente aceitáveis pela necessidade de manter a ordem social. Na verdade, essa é a posição defendida por Adam Smith: "A paz e a ordem da sociedade", escreve ele em *The Theory of Moral Sentiments*, "é mais importante até mesmo do que o alívio aos miseráveis. (...) A natureza julgou, sabiamente, que a diferença de posição social, a paz e a ordem da sociedade se apoiariam mais seguramente na plena e palpável diferença de nascimento e de fortuna, do que na diferença invisível e muitas vezes incerta de sabedoria e virtude."[50]

Essa aquiescência explícita diante das realidades da condição social humana não é, no entanto, um recurso explicativo a que muitos economistas se disponham a usar. Uma exceção é John Stuart Mill, que defende desigualdades que desaprova, ao escrever: "Se as mentes são grosseiras, exigem estímulos grosseiros, e deixemos que elas os tenham."[51] Em geral, passa-se tacitamente pelos problemas morais da propriedade privada dos meios de produção. Não se ouve falar de uma explicação que convencesse Gai de que um de seus companheiros deveria possuir todos os arcos e flechas, pagando a seus irmãos !Kung uma parte do antílope — antes já se teria feito um acordo — em troca de ficar com a caça depois que ela fosse derrubada. Deixem-me, portanto, fazer uma sugestão herética. É que o consenso pessimista com respeito às perspectivas de longo prazo do capitalismo expressa dúvidas morais entre os que buscam profissionalmente justificar a ordem social em que vivem. A perspectiva problemática que prevêem para o capitalismo pode não decorrer apenas da má consciência, mas suspeito que a má consciência é um reforço poderoso.

III

Chegou a hora de nos voltarmos para as possibilidades do capitalismo do século XXI. Começarei com os problemas da acumulação capitalista. Já sabemos que não podemos fazer uma projeção plausível quanto ao ritmo, constância e volume de crescimento no século que entra. O capitalismo é um

50. Smith, *The Theory of Moral Sentiments*, op. cit., Pt. IV, Seç. II, Cap. I.

51. *The Collected Works of John Stuart Mill*, Vol. III, Toronto, University of Toronto Press, 1981, p.754.

sistema organizado para procurar e se apropriar de quaisquer mudanças tecnológicas e organizacionais que ofereçam possibilidades de expansão, mas não tem nenhuma maneira de garantir que essas mudanças ocorrerão com a regularidade e a força estimuladora delas exigidas. Creio, portanto, que o cenário mais plausível para seu futuro é aquele em que a vontade de acumular encontrará os mesmos sucessos e fracassos do passado.

Em si mesma, não se trata de uma perspectiva otimista, nem pessimista. É, na verdade, algo muito mais difícil de aceitar: uma perspectiva inescrutável. Dessa forma, algum tipo de visão profética certamente faz parte do quadro, seja afirmando que o sistema crescerá adequadamente, como tem acontecido, apesar de tudo, há 150 anos; seja que enfrentará obstáculos cada vez maiores, semelhantes ao seu colapso quase fatal da década de 1930 e a seu desempenho pífio dos últimos anos.

Há, no entanto, outra possibilidade — uma resposta ao desafio do crescimento cuja viabilidade depende do segundo dos elementos estruturais do capitalismo, sua bifurcação de reinos. A possibilidade é de que o capitalismo tente garantir a expansão de que necessita usando o investimento público para promover o ímpeto de transformações que o setor privado não consegue ter. Como os Estados Unidos aprenderam para seu próprio desgosto, e como a Europa e o Japão aprenderam para sua própria vantagem, os investimentos em capital público, do transporte em alta velocidade à educação de alto nível, podem dar uma enorme contribuição à produtividade. Utilizado como um agente deliberado de sustentação do crescimento, o investimento em infra-estrutura pode se transformar na solução do século XXI para o problema de alcançar e manter um crescimento adequado, especialmente nos Estados Unidos, que ficou, a esse respeito, muito para trás.

Não há dúvida de que é preciso resolver problemas muito substanciais antes de se poder tentar esse caminho. Referindo-me mais uma vez aos Estados Unidos, o menos formidável dentre eles é o déficit, que é entendido como um desperdício inútil das poupanças públicas. Digo que é o menos formidável porque ele tem uma solução relativamente fácil: separar os dispêndios governamentais destinados à promoção do crescimento, dos dispêndios dirigidos às operações normais. Os dispêndios governamentais com as responsabilidades normais, tais como previdência social, programas de saúde, gastos com defesa e coisas assim, seriam cobertos da maneira normal, pelas receitas tributárias, exatamente como as despesas de operação de uma empresa são cobertas pelas receitas de venda. Ao mesmo tempo, os dispêndios governamentais com o propósito de promover o crescimento, em infra-estrutura por exemplo, seriam normalmente financiados através de empréstimos, como ocorre com os gastos em investimento das empresas. O uso do orçamento para financiar o capital, que, por sinal, é comum em todas as nações ocidentais, exceto os Estados Unidos, não garante que os empréstimos do governo sejam alocados a propósitos sábios. Na verdade, serve para nos lembrar que existem esses propósitos, e que os déficits não significam desperdício, mas, pelo contrário, são úteis, quando usados para satisfazê-los.

Eu disse, no entanto, que esse é apenas o primeiro obstáculo no caminho da utilização do setor público para garantir o crescimento adequado. Dois outros devem ser vencidos, ambos mais difíceis do que o primeiro. Um deles é elevar o nível de tributação. Um setor público forte e capaz de dar o ritmo exigiria um nível de dispêndios normais — não-vinculados aos investimentos, destinados à manutenção do bem-estar nacional — muito mais alto do que é possível com as rendas depauperadas do atual sistema tributário norte-americano. Segundo um estudo recente, o percentual das receitas tributárias com relação ao Produto Nacional Bruto nas nações da OCDE (ou seja, nações industriais avançadas) é um terço maior do que nos Estados Unidos. Só no Japão são menores, e os gastos com defesa do Japão são menos de um terço dos americanos. Para elevar as receitas tributárias norte-americanas às proporções das da OCDE seria preciso aumentar as receitas tributárias federais em pelo menos US$ 300 bilhões por ano. Se acrescentássemos a isso os empréstimos para um programa de infra-estrutura da ordem de US$ 1 trilhão, tal como o recomendado pelo financista Feliz Rohatyn, teríamos uma *masse de manoeuvre* capaz de dar um impulso substancial à economia.[52]

Resta acrescentar que tal nível de tributação provavelmente exigiria a adoção de um modo europeu de tributação. E aqui, o que se deve observar é que a percentagem dos rendimentos com os impostos diretos sobre a renda é maior nos Estados Unidos do que nas nações da OCDE — aproximadamente 35% contra uma média de 27% para a OCDE — e com os impostos sobre o valor agregado ou sobre as vendas é muito menor — 17% contra 29% nos outros países. Na verdade, é provável que a fobia americana aos impostos resulte desse uso pesado dos impostos sobre a renda, que são preferidos por muitos economistas devido à sua maior eqüidade, mas detestados pela maioria dos contribuintes, que os vêem como uma espécie de expropriação.[53]

Infelizmente, ainda não chegamos ao fim do problema. Resta uma dificuldade na qual já demos uma olhada — como enfrentar as pressões inflacionárias que são de se esperar com tal surto econômico. Na medida em que o programa de dispêndios públicos alcance seus propósitos, crescerá o emprego e aumentarão as taxas de salário, colocando em movimento a espiral salário-preço que vem sendo uma desgraça para todos os capitalismos deste final de século XX.

Além disso, diferente do caso do déficit, não há meio de tratar essas pressões através de uma mera mudança em nossos métodos de registrar as contas nacionais. Precisamos é de uma

52. Para as receitas e despesas dos EUA., e da OCDE, ver Louis A. Ferleger e Jay R. Mandel, *No Gain, No Pain*, Nova York, Twentieth Century Fund, 1993, quadro 1. A proposta de Rohatyn apareceu em "What Government Should Do", *New York Review of Books*, 25 de junho de 1992.

53. Para uma comparação entre os impostos sobre a renda e sobre as vendas, e a avaliação popular dos diferentes tipos de impostos, ver Ferleger e Mandel, ibid., quadros 6 e 7.

mudança em nossas instituições nacionais, que evite que os aumentos salariais caminhem na frente do crescimento de produtividade, de modo que, falando de maneira global, qualquer aumento nos dispêndios totais com salários seja equiparado por aumentos na produção, mantendo assim os aumentos de preços num mínimo.

Há duas maneiras de se chegar a esse resultado. Uma, é a criação de uma espécie de contrato social entre trabalhadores, empresas e governo, nas linhas gerais do que foi realizado na Alemanha. Os sindicatos de trabalhadores têm assento nos conselhos empresariais, com voz nas questões de política de emprego e de salários, e, em troca, concordam em manter as reivindicações salariais dentro de limites não-inflacionários. As empresas concordam em evitar táticas de confronto com os sindicatos, e em troca estes não interferem na utilização eficiente da força de trabalho. E o governo fica por trás e torna efetivo o acordo global, realizando programas amplos de seguro-desemprego e de treinamento de mão-de-obra, e dando um apoio geral aos esforços empresariais de manter suas parcelas globais de mercado.

Não há, claro, nenhuma garantia de que esses arranjos sejam duráveis e efetivos. Deve, portanto, haver uma segunda linha de defesa contra a pressão inflacionária. Na medida em que não se possam fazer acordos voluntários, restam apenas os involuntários, ou seja, os programas fiscais antiinflacionários. A despeito da impopularidade dos impostos sobre a renda, provavelmente a melhor maneira de enfrentar as tendências inflacionárias é aplicar um imposto atrelado à inflação a todos os pagamentos de rendas, dividendos e juros, bem como aos salários e honorários acima de um certo mínimo social; ou, se isso for demais para o público, um reforço antiinflacionário nos impostos sobre as vendas ou sobre o valor agregado.

Basta falar em tais propostas para se ter a certeza de enfrentar uma tempestade de protestos. Não tentarei aplacar essa tempestade a poder de palavras, mas, ao invés disso, vou usá-la para deslocar a atenção do problema geral da promoção do crescimento para o problema da obtenção de um acordo social e político. Isso nos leva outra vez à característica estrutural crucial do capitalismo — sua bifurcação entre uma economia e um Estado.

Mais uma vez, minha argumentação parte de um ponto de concordância nos cenários dos grandes economistas. Pois esses cenários compartilham um mesmo diagnóstico por trás da variedade de dificuldades que percebem no caminho do desenvolvimento capitalista. É que os problemas que ameaçam o capitalismo decorrem de sua própria dinâmica, de problemas gerados no setor privado, e não no público. Na concepção de Smith, a saturação da demanda e a degradação da força de trabalho é que são as grandes dificuldades; as crises e as contradições, no modelo de Marx; a incapacidade de alcançar o pleno-emprego é selecionada por Keynes como o grande flagelo; a erosão cultural, no cenário de Schumpeter — são todas elas falhas produzidas pelo funcionamento do reino privado, não do público.

A inflação é um exemplo disso. As pressões inflacionárias que decorrem de uma expansão econômica iniciada pelo setor público nada têm a ver com seu patrocínio governamental. Precisamente as mesmas pressões aconteceriam se o setor privado, por sua própria conta, descobrisse os ingredientes de uma mudança transformadora. O fato a ser enfrentado é que nas condições do capitalismo do final do século XX — e suspeita-se que vai ser pior ainda no século XXI — as pressões inflacionárias estão o tempo todo muito perto da superfície, e têm de ser contidas — se não for por um contrato social, então por alguma espécie de imposto antiinflacionário. Talvez se possa realizar algum esquema mais efetivo, mas seu agente tem de ser o governo.

Isso levanta mais uma vez a questão da politização do capitalismo: que soluções, que medidas se podem apresentar para os problemas que surgem do setor privado? Dado o diagnóstico, só pode haver uma resposta — as soluções e respostas devem ser oriundas do setor público. Segue-se daí que as perspectivas para os capitalismos do século XXI — e aqui eu destaco o plural — dependerão, em primeiro lugar, de seu êxito em congregar e usar as forças do governo para enfrentar as de suas economias. As propriedades fundamentais e os problemas do capitalismo podem ser os mesmos em todos os lugares, mas a capacidade governamental não é a mesma. O capitalismo japonês, assim como o capitalismo italiano, é levado a reunir capital, ambos são coordenados e desestabilizados por forças do mercado, e estão bifurcados em dois reinos; mas os dois capitalismos não exercem um controle público, não provêm encorajamento público e não dão orientação pública para os desempenhos de suas economias com a mesma eficiência. Em todos os lugares, a cultura nacional põe sua marca na interação entre vida econômica e vida política. Existe, podemos nos lembrar, o capitalismo da terra da polícia montada do noroeste e o capitalismo da terra do *cowboy*.

Aqui, é claro, passamos da análise, por mais falha que seja, à profecia sem qualquer apoio. Quais serão as características de um capitalismo capaz de montar um programa de investimento público — caso nenhum programa desses apareça espontaneamente no setor privado —, de elaborar um contrato social viável, e de impor os tributos antiinflacionários necessários? Se nos arriscamos a uma enumeração, serão uma forte tradição de coesão pragmática pública e governamental, um serviço público bem desenvolvido e organizações nacionais responsáveis, tanto dos trabalhadores como empresariais. Não há dúvida de que os acordos institucionais iriam variar de uma nação para outra, mas assim como aconteceu com os Estados mais capazes de adaptação da Europa do século XVII, creio que alguns desses capitalismos conseguiriam sobreviver, e até mesmo florescer, durante muito tempo. Mais uma vez como a Europa do século XVII, creio também que os capitalismos incapazes de adaptação, com tradições políticas indóceis e politicamente carregadas, com estruturas fracas de administração pública e setores sindicais e empresariais desorganizados, quase que certamente não vão se dar bem. Onde se situam os Estados Unidos em tal escala, ou onde podem se situar, caso se dê uma orientação política correta, deixo que meus leitores decidam por si mesmos.

Dessa forma, as profecias entram, incontrolável e naturalmente, na análise. A exploração do passado e do presente nos orienta para o futuro, mas o que vemos ali depende, em alto grau, do que buscamos. Essa conclusão desconcertante e frustrante define minha responsabilidade final: deixar clara minha própria visão, na medida em que eu tenha consciência dela. Vou fazer isso voltando a nosso ponto de partida — o terrível aviso de Kliuchevsky de que a história não ensina nenhuma lição, mas pune severamente se não as aprendemos. Está na hora de perguntar o que se pode aprender da história estilizada do capitalismo — passado, presente e possível — que tentei construir, e expressar diretamente as perguntas que coloquei no início: o que restou da idéia de progresso nos negócios humanos? Ainda existe alguma forma de socialismo depois do capitalismo? Na raiz de nossos problemas está a natureza humana?

7

Lições da História

I

Começo com a idéia de progresso, evidentemente mesclada com qualquer tentativa de falar do capitalismo do século XXI, em contraposição ao pano de fundo de violência e discórdia de que falei em minha Introdução.

Desde o começo do século XIX, o progresso vem sendo percebido como o movimento da sociedade ocidental "para a esquerda" ao longo de uma linha imaginária que começava no passado feudal, atravessava todo o Capitalismo e terminava, ou pelo menos apontava para uma formação social vagamente percebida chamada de Socialismo, e, muito além desta, para o Comunismo. "Para a esquerda" significa uma direção da mudança social cujo móvel fundamental era a emergente dinâmica social no interior da vida social. Na opinião de quase todos os historiadores, esse movimento lento, muitas vezes interrompido, mas persistente, estava intimamente conectado com a idéia de progresso. É essa visão que agora está em julgamento.

Por várias razões se considerava que tal movimento era uma expressão do progresso. A primeira era que a mutante configuração da sociedade era claramente o produto de forças impessoais, que é o aspecto assumido pelo comportamento humano quando responde de maneira previsível aos estímulos. Os próprios estímulos também pareciam impessoais, na medida em que também eles eram compostos de tendências comportamentais previsíveis, e não das proclamações de poderosos personagens, dos resultados de aventuras militares ou de coisas semelhantes. Dessa forma, os séculos XIX e XX nos dão o extraordinário espetáculo de diferentes nações ocidentais marchando em formação paralela a um rufar comum de tambores — uma parada nunca vista em qualquer período anterior de mudança social extensiva, seja na queda de Roma, na ascensão do Cristianismo, ou no advento do Iluminismo. Esse determinismo conferiu ao movimento "para a esquerda" da sociedade o aspecto de um processo natural. Numa era que adorava a ciência, é compreensível que essa interpretação fosse equivalente a encarar a história social não apenas como inevitável, mas como progressiva.

Uma segunda razão para a interpretação progressiva da história foi que os aspectos institucionais de sua dinâmica incorporavam muitas características específicas nas quais se supunha que, sob outros aspectos, estava manifestada a idéia de progresso. A substituição da fé pela racionalidade era uma delas, na medida em que o capitalismo era, indiscutivelmente, mais racional do que o feudalismo; e um atrativo intelectual básico do socialismo era que ele substituía as irracionalidades ocultas do capitalismo pela racionalidade supostamente transparente de uma sociedade conscienciosamente planejada. Ainda outra característica amplamente aceita do progresso era a extensão da liberdade individual, onde, mais uma vez, o movimento para a esquerda parecia inteiramente adequado. O capitalismo já tinha se descartado dos estreitos limites sócio-políticos e econômicos da vassalagem e da servidão; o socialismo prometia acabar com os da escravidão salarial, talvez até mesmo os do nacionalismo. E o importante nessa interpretação progressiva da transformação econômica da sociedade era a sua celebração do lugar central da autodeterminação humana. Concordava-se, em geral, que o feudalismo seria uma sociedade construída sobre a aceitação e a resignação; o capitalismo era visto como uma sociedade de indivíduos que se autodefiniam; o socialismo seria a primeira sociedade a tomar conscientemente a história em suas próprias mãos — o começo da história verdadeiramente humana, como disse Engels.

Sempre se reconheceu, claro, que o progresso envolvia mais do que economia. Como já disse, em geral a ciência era vista como a própria instância do progresso, e a ciência aplicada, como sua mais direta manifestação. Se a ciência não era a filha natural do capitalismo, a ciência aplicada certamente era sua filha adotiva. As mesmas afirmações se poderia fazer quanto à democratização do governo, o alcance da igualdade social e a ampliação geral da cidadania. Também elas eram facilmente vistas como se sucedendo ao despertar do capitalismo, com sua rejeição às antigas diferenças de classe, sua ênfase na liberdade de contrato e de pessoa, e seu interesse no treinamento e na educação básica de sua população.

Há também, seguindo a mesma tendência, uma tradição de oposição à visão materialista do progresso, expressa nas profecias dos socialistas utópicos ou na completa rejeição marxista ao sistema capitalista de valores. Mesmo aqui, entretanto, no que se refere ao progresso, descobrimos uma crença persistente na relevância, para não dizer centralidade, da economia. Assim, enquanto os argumentos contra o capitalismo enfatizavam os males que ele provoca com seus fracassos *enquanto sistema econômico*, os argumentos em favor do socialismo também se apoiavam na liberação e na realização pessoal que o socialismo ofereceria *enquanto sistema econômico*. Colocando de maneira diferente, existe muito pouca retórica de política ou de cultura nas literaturas anticapitalista e pró-socialista. A discussão é conduzida no vocabulário da economia.

Creio que agora está claro que não parti da idéia de uma interpretação econômica progressiva da história como um falso obstáculo a ser destruído antes de passarmos para questões mais sérias. Pelo contrário, procurei deixar claro por que sua influência sobre nossa concepção de progresso tem sido tão poderosa e persistente. Esse reconhecimento é necessário, creio eu, para se ter alguma perspectiva quanto ao sentimento de desânimo que é uma parte tão importante de nossa estrutura mental contemporânea. Certamente o eixo que indicava o progresso em termos de um movimento para a esquerda não tem nenhuma relevância na mixórdia russa, onde Esquerda e Direita parecem ter trocado de lugar. Que importância tem o conceito para a situação na Iugoslávia, Somália, África do Sul, Irã? Para essas partes do mundo não seria mais apropriado chamar os indicadores de Para Cima e Para Baixo, Para Frente e Para Trás?

Claro que isso levanta a questão de saber o que esses outros índices medem. Moralidade? Política? Quaisquer que sejam as respostas, é muito improvável que tenham a coerência interna e a capacidade de persuasão que são os atributos peculiares da economia enquanto modo de observação e julgamento sociais. As visões da história de Smith, Marx, Keynes e Schumpeter não estão "erradas". Cada uma delas chama nossa atenção para lógicas internas de mudança que, de outro modo, não seriam vistas, e cada uma delas embebe tais lógicas não só de significado moral, como de clareza "científica". O aspecto desconcertante da presente situação está precisamente em nossa incapacidade de aplicar aos acontecimentos essa interpretação abrangente. O comportamento dos guerreiros sérvios ou dos bandidos somalis, dos defensores do *apartheid* ou do apaixonado clero islâmico, dos ressurgentes grupos fascistas na Europa e da Direita religiosa nos Estados Unidos ficam, todos eles, fora da estrutura através da qual percebemos o "sentido" dos acontecimentos. As imagens terríveis que eles projetam e que vemos na televisão ou lemos nos jornais parecem não ter "lógica", nenhuma "explicação", nenhuma "possibilidade de entendimento" — o que quer dizer, nenhum lugar no esquema de história que aprendemos a construir. Como tal, eles mostram, com uma força avassaladora, que existem outras estruturas diante das quais estamos não apenas estupefatos, mas ignorantes.

Essas estruturas existem muito antes da própria idéia de progresso, e mais ainda de sua denominação em termos de progresso econômico. Estou pensando na imensa importância das relações de parentesco no estabelecimento de normas e relações sociais; da suspeita paranóica quanto aos "outros", em termos étnicos ou culturais; da celebração da irracionalidade e da glorificação do poder. Os comportamentos "ultrajantes" de nossa época mostram que tais estruturas antigas podem ter sido afastadas, mas não foram suplantadas ou descartadas pelos processos econômicos que supomos serem as forças tanto de impulso como de coesão da sociedade.

E há, finalmente, um pensamento ainda mais preocupante. Por toda a história se vêem comportamentos ultrajantes, inclusive na era em que a visão econômica de progresso ganhou proeminência. O pensamento preocupante é que essa visão econômica tende a perder força nas próximas décadas, certamente no próximo século. Os problemas do capitalismo crescem. Como vimos, seu enfrentamento cabe cada vez mais a processos políticos sobre os quais não temos qualquer clareza analítica que possa nos reassegurar. Mesmo o colapso do sistema soviético, por todas as partes saudado como uma vitória da liberdade humana, ainda não foi completamente avaliado enquanto derrota para as aspirações humanas.

A lição da história, assim, adverte-nos que a consciência moderna de hoje se formou num período que agora está chegando ao fim. Numa sociedade que não tenha certeza das possibilidades de existirem soluções econômicas, muito menos soluções econômicas autogeradas, é muito menos provável que surja algum tipo de confiança natural, mantida pela crença num ritmo impessoal de progresso. Não há dúvida de que vai ocorrer alguma tentativa de se chegar a um novo entendimento, em que Para Cima e Para Baixo e Para Frente e Para Trás deslocarão Esquerda e Direita como os eixos cruciais do movimento social. Infelizmente, o castigo que a história pode nos dar é descobrir que não existem tais forças que prometam levar a sociedade nas novas direções em que queremos nos mover.

II

Quaisquer que sejam as formas assumidas por Para Cima e Para Baixo, parece muito provável que irão incorporar algo ligado à idéia de socialismo. Por "socialismo" quero dizer uma sociedade evidentemente desvinculada da própria idéia de determinismo econômico. As separações podem ser de muitos tipos, mas na linha de minha argumentação, a mais importante deve ser o rompimento com a característica mais poderosa na definição da história do capitalismo — ou seja, a subordinação de seu comportamento aos imperativos econômicos.

Por duas razões o comportamento orientado pelo mercado não pode ser a força geradora de ordem em qualquer sociedade a que se possa atribuir adequadamente o rótulo de socialista. A primeira, muitas vezes vezes referida na literatura crítica, é que as sociedades impulsionadas pela necessidade de acumular capital e sujeitas às pressões do mercado sofrem severas deformações, inclusive a consciência alienada induzida pela comercialização extensiva, a deformação do caráter individual provocada pelo excesso de divisão do trabalho, e o viés socialmente prejudicial em favor dos valores individuais e contra os valores coletivos. Uma segunda objeção, menos familiar, porém não menos poderosa, é que a subordinação geral da ação a diretivas impessoais de ação rebaixam o próprio progresso, que não é um objetivo social conscientemente desejado, mas uma conseqüência não-pretendida da ação, roubando assim o seu conteúdo moral. O que entendo por socialismo, portanto, dirige-o Para Cima e Para Frente, e não para a Esquerda — uma atribuição que traz uma forte mensagem moral, mas que também é uma admissão de que não sabemos qual possa ser sua dinâmica interna.

Antes das considerações de moralidade devem vir as de viabilidade — ou seja, se é "possível" uma sociedade não-capitalista. A questão tem dois significados. O primeiro é se essa sociedade poderia garantir a alocação de trabalho e a coerência entre insumos e produtos necessários para a simples sobrevivência. Ela pode facilmente ser respondida pela afirmativa, se imaginarmos as sociedades socialistas como comunidades adversas à mudança, centradas na tradição — os bosquímanos kalahari em roupas ocidentais. Esse socialismo pode ser viável, particularmente se chegarmos ao desastre ecológico, mas não se pode considerá-lo seriamente antes disso acontecer.

Um problema mais difícil refere-se às sociedades que confiam sua coerência e continuidade ao planejamento central. A antiga União Soviética é, claro, o arquiexemplo desse caso, e seu colapso é visto geralmente como um aviso de que tais sociedades estão destinadas a fracassar. Mas não acho que se possa ter certeza de tal acusação. O colapso pode muito bem ter sido a conseqüência das piores tradições da autocracia burocrática, de uma tecnologia primitiva de comunicações e das pressões extremas da Guerra Fria. Se o início do capitalismo tivesse se dado sob tais condições, também ele poderia ter fracassado. Contra a opinião dominante, portanto, creio que a viabilidade de um socialismo centralmente planejado deve ser considerada uma questão em aberto, sempre supondo que tal sociedade não se veja forçada a uma contínua reorganização econômica, seja por pressões internas, seja por pressões externas.

Essa resposta não é inteiramente satisfatória, porque a concepção dominante de um socialismo desejável normalmente não inclui sociedades estáticas, por razões culturais, ou centralmente planejadas, por razões políticas (elas não têm a sua Suíça). A questão passa então a ser a possibilidade de se criar um sistema viável não-tradicional, não-centralizado, não-mercantilizado. Recentemente, Michael Albert e Robin Hahnel sugeriram uma solução interessante.[54] Aqui só posso

54. Ver Michael Albert e Robin Hahnel, *Looking Forward: Participatory Economies for the Twenty-First Century*, Boston, South End Press, 1991, e *The Political Economy of Participatory Economics*, Princeton, N.J., Princeton University Press, 1991. O primeiro é uma introdução popular; o segundo, uma exposição econômica formal.

esboçar alguns de seus novos aspectos. Seu plano abrange uma sociedade organizada de maneira a maximizar a relação participatória, não-antagônica, de seus membros. A coerência interna seria alcançada por um sistema de "votação" que estabeleceria o formato global dos fluxos produtivos. O aspecto "socialista" do plano econômico residiria mais nas restrições sociais que afetariam a escolha dos votantes, do que no próprio processo de planejamento. Um *ethos* solidário seria encorajado, obrigando-se todos os membros a realizar regularmente algum outro tipo de trabalho além de suas tarefas principais. Um estilo de vida não-individualista seria encorajado, estabelecendo-se normas de consumo global aplicáveis a todos. A possibilidade de inovação organizacional e tecnológica seria encorajada, mas também restringida através de formas elaboradas de análise e da votação quanto a todas as mudanças propostas.

Será que tal ordem social poderia funcionar? Para nós, socializados num modo de vida muito diferente, ela parece desesperadamente ingênua, utópica, contra a natureza humana. No entanto, para a maioria dos seres humanos que vivem ou viveram sobre a Terra, suspeito que nosso modo de vida parece igualmente artificial, ou até mais — lembro a consternação dos velhos aldeões a quem tentamos explicar o sistema de mercado. Uma sociedade participatória colocaria, é claro, problemas organizacionais. Seu funcionamento tranqüilo exigiria algum mecanismo de coordenação semelhante ao do mercado. Como qualquer outra sociedade, ela teria de gerar uma oferta regular de mão-de-obra para os trabalhos de rotina ou desagradáveis. Seria necessário impedir que os indivíduos buscassem fins anti-sociais em suas atividades econômicas. Alguns dos problemas seriam resolvidos pelas pressões normais da conformidade social. Outros exigiriam novas tecnologias, novas instituições, e, acima de tudo, nova concepção de como integrar o aspecto econômico da vida à vida social e política. Inevitavelmente, com novas instituições virão novos problemas. Apresentei aqui apenas o mais simplificado dos esboços de como seria tal economia participatória, para indicar que ela representa um arranjo genuinamente novo, tecnicamente funcional e moralmente atrativo para o futuro.

Isso significa que acho que essa será a direção das coisas no século XXI? Não. A transição é muito difícil; os rearranjos, muito complexos; e, acima de tudo, a oposição é muito feroz, para que essa mudança revolucionária ocorra num tempo tão curto, em termos históricos. A economia participatória não será a ordem social do século XXI, não importa o que aconteça, inclusive catástrofes.

Apesar de tudo, as idéias têm uma vida própria. Não é impossível que as metas e as concepções sociais gerais de uma ordem participatória possam entrar em nossa consciência ao longo do século que vem. Creio que suas idéias e ideais podem nos ajudar a enfrentar os imensos problemas de como fazer o capitalismo funcionar da melhor maneira possível pelo maior tempo possível. Durante esses anos, quando na ordem do dia as tensões e os fracassos estarão mais presentes do que as soluções e os sucessos, elas nos ajudarão a ter um outro destino social em nossa imaginação.

Será então possível acreditar no socialismo como um destino bem-vindo e realista nas próximas e longas décadas? Como já disse, certamente é possível que surjam capitalismos avançados e capazes de se adaptarem — o que em outro lugar chamei de "suecos um pouco imaginários". Muito embora sejam sociedades mais humanitárias e com maior visão de longo prazo, estão ainda no interior do campo de força do capitalismo, orientadas pela necessidade de acumular capital, coordenadas por um mecanismo de mercado. Dois problemas tornam difícil prever o movimento para além das fronteiras de tais sistemas avançados. O primeiro é a resistência que encontraria. Albert e Hahnel nada dizem com respeito à oposição que sua proposta certamente provocaria nas classes alta e média-alta, cujas posições favorecidas certamente se deteriorariam.

E não chegamos ao fim do problema. A questão real, parece-me, é saber qual conceito substituirá o de progresso, numa sociedade pós-capitalista. Talvez nenhum, e um socialismo acabado será simplesmente a soma de muitas vidas individuais acontecendo no interior de um quadro social benigno. Como já disse, ao olhar para trás, para o passado distante, não encontro qualquer conceito de progresso antes do advento do capitalismo. Em seu lugar existiu o estoicismo e a resignação, os grandes paliativos da humanidade, e as visões de uma vida após a morte, a grande fantasia consoladora. Pode ser que elas se tornem as idéias dominantes no socialismo, mas isso não está de acordo com nossa idéia presente do que deve ser o socialismo. A meu ver, pelo menos, o progresso medido ao longo de um eixo que oriente Para Cima e Para Frente continua sendo a idéia-guia do socialismo, e não a resignação ou a religiosidade.

Será que preciso acrescentar que não sabemos praticamente nada sobre a dinâmica do movimento Para Cima e Para Frente, quando deixamos de lado sua realização através das motivações "econômicas"? Talvez isso queira apenas dizer que o caráter da civilização pós-capitalista deve depender das motivações a que seus cidadãos irão responder, as restrições que irão aceitar, as metas que irão estabelecer. Nada nos diz sobre a possibilidade dessas sociedades existirem. Como muitas outras coisas na história, isso permanece no campo do desconhecido. No entanto, faz da idéia do socialismo uma perspectiva inspiradora ou assustadora, que depende em grande parte do que julgamos ser as características da própria natureza humana.

III

Proponho apresentar a traiçoeira idéia da natureza humana citando David Hume. "Quer conhecer os sentimentos, as inclinações e o curso da vida dos gregos e romanos?" perguntou ele em seu *Enquiry Concerning Human Understanding*. "Estude bem o temperamento e as ações dos franceses e dos ingleses. (...) A humanidade é a mesma, em todos os tempos e lugares, de modo que a história não nos informa nada de novo ou de estranho a esse respeito."[55]

Assim, para Hume, a natureza humana era uma grande pedra de Rosetta através da qual se poderiam decifrar as ações dos homens distantes ou próximos, antigos ou (possivelmente) futuros. Mas essa ênfase numa unidade transcultural não é tudo o que Hume quer enfatizar. Continuando seu pensamento, ele escreve:

> Se um viajante, retornando de um país distante, nos fizer um relato de homens (...) inteiramente despidos de avareza, ambição ou ódio, que não conhecem outro prazer que não o da amizade, da generosidade e do espírito público; nós imediatamente vamos chamá-lo de mentiroso, com a mesma certeza que teríamos caso ele tivesse enfeitado sua história com centauros e dragões, milagres e prodígios.

Hume, portanto, acredita que é impossível imaginar um futuro que se afaste do teor geral do passado. Não preciso acrescentar que tal ponto de vista pode se transformar em algo rígido, onde as lições da história passem a ser uma camisa-de-força. No entanto, vamos supor que o viajante de Hume retorne hoje da América em 2070. Será que não receberíamos seu relato de viagem com o ceticismo de Hume? Será que isso significa que qualquer visão do progresso que abandone as estreitas barreiras do economicismo e que aspire a um plano mais alto seja uma quimera, e que o socialismo, portanto, na melhor das hipóteses, não passe de um modo mais efetivo, talvez mais humano, de organizar as tarefas da sociedade, mas não seja uma maneira de elevar sua moral?

Deixem-me apresentar um segundo argumento para o ceticismo de Hume: uma visão da personalidade que se pode esperar, uma vez removidas as pressões e deformações da sociedade existente e liberados os passos à frente. O que

55. David Hume, *An Enquiry Concerning Human Understanding*, Chicago, Open Court, 1935, p.85-6.

exatamente se deve esperar de tal homem? — é o que pergunta uma forte defensora do conceito — não sei se sinceramente ou não:

> Pode-se dizer (escreve ela) que o homem liberado é o homem generoso e desinteressado; é também um homem criativo, que pode expressar sua personalidade e seus talentos na ação criativa sem restrições, seja em trabalhos manuais, intelectuais ou artísticos, ou em suas relações com outros homens. (...) Ele é um indivíduo sem ídolos, dogmas, preconceitos ou idéias *a priori*. Ele é tolerante, inspirado por um profundo sentimento de justiça e de igualdade, e consciente de si mesmo como, ao mesmo tempo, um homem *individual* e *universal*.[56]

Por que tal expressão de esperança é tão implausível? A resposta decorre da mesma base referencial que nos força a admitir a força lógica das palavras de Hume. É um apelo a um conjunto de conceitos metade claros, metade inarticulados, com os quais estabelecemos uma "natureza" do homem que nos diz, embora de maneira imperfeita, o que podemos esperar dos outros e o que não podemos.

Podemos formular esse conceito da natureza humana, com todos os seus riscos evidentes? Creio que sua essência pode ser expressa de maneira sucinta: a personalidade adulta surge apenas depois que seu possuidor já percorreu toda a escala da dependência infantil. Em todas as espécies evoluídas, uma parte de suas "naturezas" vem de períodos semelhantes de condicionamento infantil, mas em nenhuma espécie a dependência é tão longa, e portanto tão crucialmente importante, quanto nos humanos. Eu chamaria isso de um ponto de vista psicanalítico da natureza humana.

Esse ponto de vista entra em nossas expectativas com respeito ao comportamento humano por sua insistência —

56. Mathilde Neil, "The Phenomenon of Technology", in Erich Fromm, *Socialist Humanism*, Garden City, N.Y., Doubleday, 1965, p.306.

junto com Marx — de que "os homens fazem sua própria história, mas não da maneira que desejam."[57] Para Marx, as restrições sobre o comportamento são as das relações sociais; para Freud e seus sucessores, são as das relações infantis. De modo algum isso encerra as possibilidades de mudança social, assim como a negra visão de Marx quanto ao passado não exclui a ação revolucionária no futuro. Apenas estabelece que os protagonistas da história, sem exceção, terão passado por seus castigos e experimentado os seus golpes. Uma educação enérgica e instituições eficientes pòdem, sem dúvida alguma, impor muitas rotinas sociais diferentes das nossas, mas não podem produzir um "comportamento" liberado — ou seja, um comportamento livre de raiva sublimada, sem os muitos tipos de negativas, e sem expressar fantasias de opressão, tanto de modo ativo como passivo. Esses anseios infantis nunca são dominados, apenas expressados sob muitos disfarces. Eles subsistem em todos nós, de maneira a formar um substrato do que chamamos natureza humana — um substrato do qual decorre a suscetibilidade a muitas ações "irracionais", incluindo o comportamento político e social que hoje em dia dá à história corrente muito de sua impossibilidade de compreender.

Nessa situação inquietante, as sóbrias, até mesmo sombrias, perspectivas de uma melhoria material nos capitalismos mais protegidos e com mais vantagens — não estamos falando aqui da perspectiva horrenda para continentes e subcontinentes inteiros — pioram a ansiedade dominante. Os desafios econômicos, tecnológicos e ecológicos de nossa época parecem diminuir a capacidade de mobilização do capitalismo, aumentando a suscetibilidade de nossas energias inconscientes aos apelos mais antigos dos tribalismos étnicos, exaltações religiosas e outras sublimações semelhantes. Assim, à medida que se enfraquece a dinâmica do progresso "para a esquerda",

57. Emile Burns, org., *A Handbook of Marxism*, Nova York, Random House, 1935, "The Eighteenth Brumaire of Louis Bonaparte", p.116.

aumentam as dinâmicas conjuradas pelos rótulos sociais de Para Cima e Para Baixo, Para Frente e Para Trás, mas de maneira alguma nas direções que desejaríamos.

O que isso pressagia para o capitalismo do século XXI? É uma pergunta que pode ser melhor respondida com respeito à formação social como um todo do que a qualquer entidade individual em seu interior. Conhecemos, de maneira geral, os problemas contra os quais o capitalismo deve lutar, e as motivações e estruturas que estabelecerão os termos do enfrentamento. O capitalismo, sem dúvida alguma, é uma ordem social que extrai suas energias aquisitivas do substrato inconsciente de comportamento, e deve, portanto, deixar claras tanto a energia como a irracionalidade desse impulso motivador. Ele está estruturado de maneira a obrigar que se façam escolhas entre os reinos privado e público, mas normalmente a ordem social faz uma representação equivocada de ambos os lados, reduzindo os aspectos negativos do reino privado, exagerando os do reino público. Portanto, muitas vezes a alocação das tarefas entre o setor político e o econômico é seriamente equivocada. Além do mais, o capitalismo confia sua coordenação econômica global a um mecanismo claramente inadequado para resolver os mais sérios problemas do século que está por vir — ou seja, a internacionalização da produção e a globalização dos desafios ecológicos. Não se pode contemplar tal catálogo de deficiências e esperar que a ordem como um todo faça, ilesa, a passagem para o século XXI. Nenhuma ordem social estruturada como a nossa pode fazer essa passagem sem mudanças profundas em suas instituições.

Ao mesmo tempo, uma visão geral das perspectivas de curto prazo do capitalismo sugere outra avaliação global de suas perspectivas. Embora seus impulsos subjacentes se originem nas profundezas irracionais da psique, os canais através dos quais o capitalismo dirige essas energias criaram uma forma de eficiência sem paralelo no que diz respeito à melhoria material. Sob uma diferente orientação institucional, esse avanço material pode, provavelmente, continuar por algumas gerações, embora em circunstâncias piores e enfrentando problemas mais assustadores. Da mesma forma, embora o mecanismo de mercado seja responsável por imensos equívocos na orientação dos esforços, também ele já realizou prodígios de coordenação social. Essa capacidade geral ainda parece ser utilizável por um bom período, desde que o alcance de sua autoridade seja adequadamente reduzido. De maneira muito semelhante, os reinos duais do capitalismo parecem tão bem qualificados quanto qualquer outro arranjo institucional — não meramente constitucional — na proteção da liberdade individual durante o próximo estágio do capitalismo, tal como aconteceu no último. Finalmente, e talvez de grande importância a curto prazo, nenhuma ordem social alternativa parece estar à mão, pelo menos no século que serve como metáfora para o alcance de nossa imaginação.

Portanto, à parte as guerras e os desastres, e mesmo diante do aquecimento global que provavelmente se transformará no principal desafio do século que vem, o capitalismo é forte candidato a ser a ordem social dominante no tempo de nossos filhos e no dos filhos de nossos filhos. Mas ainda não chegamos ao fim. Os perdões parciais de sua sentença de longo prazo aplicam-se com especial significado àqueles entre nós que vivem em seus enclaves favorecidos, e que, portanto, obtêm mais vantagens da gama de comportamentos compatíveis com as exigências da ordem social. Se, como parece provável, existe um limite mínimo para a cobiça necessária para manter o *élan vital* do sistema, também existe um limite para além do qual a cobiça não serve mais, e pode até prejudicar a capacidade de adaptação da ordem. Da mesma maneira, se existe um limiar de indiferença econômica necessária para permitir que o mercado funcione adequadamente — a disposição de deixar que os indivíduos corram os seus riscos na luta pelos lugares econômicos —, existe também um limite além do qual a indiferença se transforma em injustiça social disfuncional. Da mesma forma, se o reconhecimento de um reino econômico em separado dá ao capitalismo sua única proteção contra a autoridade política que tudo alcança, é também muito fácil concluir que a força maior de um povo está na conquista das metas econômicas, e não das políticas. Existe, em outras palavras, uma distância entre os comportamentos e as atitudes exigidos por uma sociedade capitalista, e as que ele tolera ou encoraja a sua própria custa. Do lugar que cada nação determina para si mesma quanto a tais comportamentos e atitudes é que vai depender suas possibilidades de adaptação às demandas do século que vem.

Assim chego de novo à única previsão a que me permiti fazer, e agora devo reiterá-la pela última vez. O capitalismo do século XXI será dominado por um espectro de capitalismos, alguns de sucesso, outros não. A questão crucial para os americanos, e talvez para o mundo como um todo, é se os Estados Unidos se situarão dentro de tal espectro. Já falei dos "suecos ligeiramente imaginários" como um dos extremos das sociedades capitalistas. Devo agora acrescentar que é igualmente possível falar de uma América não tão imaginária como sendo um outro extremo. No contexto das realidades do século XX, a Suécia mostrou ser impraticável. No contexto das realidades do século XXI, o mesmo pode acontecer com a América, a não ser que ela mude profundamente.

Uma última palavra parece necessária. Não sou tão tolo a ponto de acreditar que uma estrutura composta por uma análise incerta e por uma visão profética pessoal possa nos capacitar a contornar a advertência de Kliuchevsky. Talvez os castigos da história sejam suas lições. Apesar de tudo, tenho a esperança de que conhecer alguma coisa do que o século XXI reserva para o capitalismo nos permita evitar pelo menos alguns dos castigos que, caso contrário, teremos de enfrentar.

ÍNDICE